说话看似很简单,但是要说出有水平,容易被人理解、接受的话则不能不懂说话的艺术与技巧。说话的根本目的在于表达和沟通,懂不懂说话的艺术与技巧,表达和沟通的效果将大相径庭。

跟任何人都能聊得来

融智 编著

中国华侨出版社
北京

作为交际媒介的一种,酒在许多场合都发挥着独特的作用,学会敬酒技巧,有助于你交际的成功。

身为领导，有时不免颐指气使，让部下感觉不愉快，这是造成领导与员工彼此对立的重要原因。作为领导，对员工说话时，注意方式、掌握分寸很重要。

当你主动打电话时，应尽量控制通话时间，不要占用对方时间过长，以免影响对方的工作进度及工作情绪。

前 言

在今天这样的信息时代，人们的文化视野、交际视野开阔了，有越来越多的场合需要公开地发表意见、用语言来打动别人。自我推荐、介绍产品、主持会议、商务谈判、交流经验、鼓励员工、化解矛盾、探讨学问、接洽事务、交换信息、传授技艺，还有交际应酬、传递情感和娱乐消遣都离不开说话。另外，看一个人是否有能力，这些能力能否表现出来，在很大程度上取决于他是否会说话。因此，口才就成了衡量一个人是否有能力的重要标准之一。美国成功学大师戴尔·卡耐基说："当今社会，一个人的成功，仅仅有 15% 取决于技术知识，而其余 85% 则取决于人际关系及有效说话等软本领。" 由此可见，说话艺术与技巧的重要性，掌握其艺术与技巧，已经成为现代人成功的必备条件。

说话看似很简单，但是要说出有水平，容易被人理解、接受的话则不能不懂说话的艺术与技巧。说话的根本目的在于表达和沟通，懂不懂说话的艺术与技巧，表达和沟通的效果将大相径庭。一个会说话的人，遇见陌生人时，知道如何说话能跟对方达成一种"一见如故"的默契；和同事共事时，知道如何说话能得到大家的欢迎；拜访客户时，知道如何说话能赢得客户的心，从而使他决定购买你的产品；再如跟恋人或朋友说话时，知道怎样给对方带来乐趣，加深彼此间的感情……而那些不会说话的人，往往言不达意，说出很多废话，不能与别人进行有效的沟通，不仅会坐失良机，也很难在事业上有出人头地的发展，若出言不当还会让自己四面楚歌。真所谓"一句话能把人说得笑，一句话也能把人说得跳。"同样是说话，为什么会有如此大的区别呢？其中的关键就在于前者在谈话时能够运用各种说话的艺术与技巧，把话说到别人的心窝里，从而成功地赢得了人们的信任和喜爱，而后者却不懂得运用说话的艺术与技巧，导致说话不得体而失去人心。所以，说话是一种技巧，更是一门艺术。一句恰到好处的话，可以改变一个人的命运；一句言不得体的话，可以毁掉一个人的一生。

为了帮助广大读者更好地掌握高超的说话本领，我们精心编写了这本《跟任何人都能聊得来》。本书从说话尺度、摆脱尴尬、宴会应酬、职场博弈、电话沟通、情感交流等方面全面系统地揭示了各种场合下的说话艺术与技巧，比如，怎样拒绝别人而不和对方交恶；怎样说好难说的话，应对尴尬场面；怎样打动别人，让别人按你说的做；怎样把话说到别人的心坎里等，指导读者把握好沉默的分寸，把握好说话时机、说话曲直、说话轻重与人开玩笑的分寸，把握好调解纠纷时和激励他人时的说话分寸，懂得怎样问别人才会说、怎样说别人才会听。同时还向读者展示了同陌生人、同事、老板、客户、朋友、爱人、孩子、父母沟通的艺术。本书内容丰富翔实、案例生动，方便读者速查速用。读者通过本书能轻松提高自己的说话能力，在错综复杂的人际关系网络中应付自如，轻松应对生活中的各种场景，赢得友谊、爱情和事业，从而踏上辉煌的成功之路。

目录

说话尺度篇
——说话讲分寸，做人留余地

2 / 不该说的"四话"

6 / 不揭他人短，给人留台阶

11 / 滑稽≠幽默

15 / 瞅准对象说好话

21 / 用恰当的方式说恰当的话

25 / "常有理"最终会变成"常无理"

28 / 过分自夸不过是在显示自己浅薄

30 / 责备他人其实是在掩饰自己的过错

33 / 时机未到时就得保持沉默

35 / 受到攻击时，沉默是最好的方法

37 / 别人论己时切莫打断

38 / 恰当运用沉默的方式

40 / 看准机会再说话

41 / 插话要找准时机

委婉含蓄篇
——曲径通幽，直言曲说的口才艺术

45 / 幽默拒绝很管用

46 / 对领导要这样拒绝

50 / 找一个人代替

52 / 拒绝求爱这样说

57 / 多说"不过"和"但是"

59 / 贬低自我让对方知难而退

62 / 抬出"后台老板"

64 / 批评时应遵守的原则

66 / 批评别人时要给对方台阶下

69 / 批评孩子的同时还需要对其正确引导

71 / 以柔克刚，正话反说吐逆耳忠言

73 / 把握好说话的分寸，不可太露骨

摆脱尴尬篇
——遇事莫慌，妙语化解

76 / 主动，"开涮法"解决冷场时

77 / 巧妙应对咄咄逼人的话

78 / 借他人之口转达歉意

79 / 难以启齿的逐客令要讲得不动声色

81 / 谈吐有趣，在笑声中摆脱窘境

82 / 遭遇尴尬时故说"痴"话

84 / 实话要巧说，坏话要好说

86 / 五招秘籍，打破与陌生人无话可说的尴尬

88 / 应对嫉妒，低调是最好的策略

89 / 对无理取闹，不可针锋相对

90 / 话不投机时，不想尴尬快转弯

92 / 会绕圈子才能如鱼得水

94 / 面对有意刁难，要化被动为主动

95 / 多说两个对不起，可化解瞬间爆发的火气

97 / 如果对方经验老到，恩威并施说服更快

宴会应酬篇

——话说对了，事情就成了

102 / "无功不受禄"，请客要找好理由

104 / 女性在宴会上要注意仪态细节

105 / 菜点对了，打开对方心扉并不难

107 / 主次分明，把握好敬酒的顺序

108 / 形势不妙，敬为上

109 / 敬酒有道，频频举杯有妙招

111 / 不动声色，应对别人的围攻酒

113 / 酒量不好的人陪酒如何不失礼

114 / 把拒酒的理由说得自然些

职场博弈篇

——好口才是事业成功的阶梯

120 / 避开同事的隐私问题

122 / 与同事说话的分寸

123 / 同事与你抢功劳时的语言对策

124 / 被同事悦纳的有效说话方式

127 / 用恰当的话消解下属的怨气

131 / 不要让部下对你产生敌意

133 / 运用漂亮语言令下属服从命令

135 / 批评下属的技巧

138 / 表扬下属要有方法

141 / 对领导说话不卑不亢

143 / 如何面对上司的批评意见

146 / 如何做到不越位

149 / 拒绝老板有理由

153 / 当下属的就应该说下属该说的话

电话沟通篇

——用电话传递你的热度

157 / 接听电话的第一句话

159 / 控制通话时间

161 / 电话也可以传神

163 / 给对方考虑的机会

165 / 电话交谈的基本技巧

168 / 把握接电话的时机

169 / 正确应答电话

172 / 电话交谈中的语气

173 / 让电波传递美好的形象与声音

176 / 电话交谈要激起客户的兴趣

177 / 与不同性格的人在电话中谈判

184 / 巧妙地让没完没了的人结束电话

185 / 接听电话说话规矩

186 / 打错电话时如何处理

188 / 打电话勿乱用应酬话

189 / 让铃声响得更久些好

190 / 办公室电话忌聊私事

情感交流篇
——话入肺腑如品茗，真心之言情更浓

193 / 相亲择偶时该如何交谈

194 / 如何邀请心仪的女孩

196 / 与恋人初次交谈的成功秘诀

200 / 沐浴爱河时应多多放"蜜"

202 / 俘获女人芳心的 6 种武器

206 / 多交谈是情感保值的秘密

210 / 争吵有度，和好有方

213 / 倒追怎么开口最好

215 / 走出"三角恋爱"的误区

216 / 和现在的恋人在一起时偶遇以前的恋人

217 / 让对方不失体面地收回"爱"

218 / 理智化解夫妻间的争吵

219 / 沉着冷静地应对爱人的外遇

220 / 爱人昔日的恋人出现了怎么办

221 / 说服父母有妙招

225 / 正确对待父母的责骂

228 / 恰当化解与父母的争执

232 / 搞好妯娌关系

233 / 处理与小姑子的关系

234 / 孩子需要你的赞美

237 / 学会这样对孩子说话

240 / 与孩子有效沟通的秘诀

244 / 规劝的话要"裹着糖衣"

245 / 与孩子忌说的 8 种话

说话尺度篇

——说话讲分寸,做人留余地

不该说的"四话"

传说王安石的小儿子王元泽从小口齿伶俐,常常以惊人妙语博得四座叫绝。有一次,客人要考他,指着厅里的笼子问他:"人家都说你聪明,告诉我,这笼子里关的两只兽,哪个是鹿,哪个是獐?"王元泽从未见过这两种动物,便发挥"口才",说:"獐旁边的是鹿,鹿旁边的是獐。"果然博得满堂喝彩。

其实,王元泽在这里答非所问,算不得高明,充其量是耍点小聪明而已。并非因为口才不好,而是他根本没有见过这两种动物,不肯承认无知,又卖口乖,可谓"说风"不正。

说话禁忌多,而常有人犯说假话、说大话、说空话、说套话的错误,对此我们不能掉以轻心。

1. 不说假话

我国人民历来赞颂说真话的美德,反对说假话。因此,《韩非子·外储说左上》中关于曾子教子的故事,一直流传至今。曾子的妻子要去市集,孩子哭着也要跟去。曾子的妻子哄他说,你在家等着,等回来给你杀头猪吃。等妻子回来后,曾子为了让孩子相信母亲的诺言,把妻子开玩笑说的话付诸实施,将猪杀了,在孩子眼中维护了母亲诚实的形象。

曾子的妻子是有意骗孩子吗?恐怕未必。但起码可以说,她没有意识到这种哄孩子的教育方式有多么深的危害性。一次谎话可以使孩子从小沾染不必负责这种不良习气。曾子的行动虽近乎愚拙,也未必有效，但他坚持了最可贵的精神——不说假话。

在人际交往中，真实是赢得人缘、获得成功的保证。

前外经贸部部长吴仪在一次记者招待会上曾遇到过一个很棘手的私人问题。记者问："请问吴仪部长，您为何至今还是独身一人？"对此部长是无可奉告，还是避实就虚含糊了事？人们揣测着可能出现的各种回答方式。然而，吴仪的回答大出众人意料，她既不回避也不闪烁其词。

她说："我不信奉独身主义。之所以单身，和年轻时的思想片面有关。一是受文学作品的影响，心里有一个标准的男子汉形象，而这种人现实生活中没有；二是总觉得应先立业后成家，而这个业又总觉得没有立起来。然后在山沟里一躲就是20年，接触范围有限，等走出山沟，年龄也大了，工作又忙，就算了吧。"

这一席坦率的回答使众人感到吃惊，同时也使众人大为感动。正是这种坦诚直率的大实话才使吴仪部长拉近了和大家的距离，也正是这种诚实的工作作风使她成为对外贸易谈判中令对方竖拇指称赞的女性。

一个不说真话的人事实上是不能与人沟通、交流的，即使在一段时间内可能获得某种交际效果，但最终还是要付出代价的。

然而，在现实生活中，说真话不是任何人在任何情况下都能办到的。特别是在交际环境不正常时更是如此。

有时，说话人受某种环境的制约，在进行言辞表达时，也可能在"真实"上打一些折扣。应当说，这是一种说话的策略，与我们所强调的真实性原则是有区别的。

2. 不说空话

吹肥皂泡是孩子喜爱的游戏，一个个大大小小的肥皂泡，在阳光下闪耀着五彩的光泽，随风飘荡，异常美丽，但升不了多高，就一个接一个破了。因此人们常常把说空话比作吹肥皂泡，实在是最恰当不过了。空话总是充塞着各种动听、虚幻而迷人的词句，却没有半点儿实在的内容，它迟早会被揭穿的。

有一次，列宁参加一个会，议题是讨论关于彼得格勒的工业恢复计划的问题。人民委员施略普尼柯夫做这一问题的报告时，用了许多美丽动听的词句，描绘出一幅十分诱人的前景。做完报告后，扬扬自得的施略普尼柯夫认为那些精彩的演说词必定会受到列宁的称赞。可是列宁却向他提了几个问题：目前在彼得格勒有哪家工厂生产钉子？产量多少？纺织厂的原料和燃料还能保证用多少天？这些简单的问题把做报告者问得张口结舌，只好老老实实承认没有下去看过。列宁批评说："谁需要你们那些大吹大擂毫无保障的计划？针线、犁、纺织品在哪里？你们如何为农村保证生产出这些东西？你不能回答这些问题，原因只有一个，就是实际的计划工作被你们用漂亮的言辞和废话代替了，这是欺骗。"

3. 不说大话

为了让人留下印象而夸大事实，常常反倒造成了负面印象，因为真相迟早都会被揭穿。

甲用暴发户的口气告诉乙："我把100元大钞往柜台上一扔，要那位店员把领带给我包好。"

乙听了禁不住想笑，因为当时他也在场，知道店家还找了甲30元，此君的说法非但有违事实，竟还大言不惭地说自己将钱扔在柜台上，对店员颐指气使，实在俗不可耐到了极点。

说话的态度正可显示我们的修养，客观说话正是品质的表现。

4. 不说套话

还有一种令人反感但又常听到的话就是套话，我们也要坚决杜绝。

长期以来，形式主义的恶习禁锢着一些人的头脑，他们惯于用一些现成的套话来代替自己的语言，用一些流行的名词代替自己的思想，三句不离口号，颠来倒去几个名词，既没有思想性，又没有艺术性。前些年，有人做报告一开口就是"国内形势一片大好"，然后就是社论式的语言，结尾又离不开"奋勇前进""争取胜利"之类的话，由于没有切实生动的内容，没有独特的语言，使人感到单调干瘪。

苏联的教育家加里宁曾讽刺过那些说套话的人，他说："什么叫作现成话呢？这就是说，你们的脑筋没有起作用，而只是舌头在起作用。说现成的套话不能使人产生印象。为什么呢？因为这话用不着你们说，大家也知道了。你们害怕若按照自己的意思来讲话，那就会讲得不漂亮，其实你们错了。"

总之，"四话"危害性很大，它们使人沉浸在一种夸夸其谈的恶劣氛围中，如果"四话"不除，很难锻炼出良好的口才。

不揭他人短，给人留台阶

世界上没有十全十美的人，每个人总有自己的弱点、缺点或污点，在谈话时一定要避开对方所忌讳的短处，因为忌讳心理人皆有之。如果在交际场合揭人家短处，轻则遭人冷眼，重则可能引发事端，祸及自身。

老任身材高大、外形俊朗，美中不足的是中年微秃。虽然这纯属白玉微瑕，老任却深以为憾。如果有人戏说他"怒发难冲冠"，他准会茶饭无味，三天三夜难以入睡；即使在他面前无意中说"这盏灯怎么突然不亮了"或"今天真是阳光灿烂"等话，这位平素温文尔雅的知识分子也会愤然变色，有时竟至于怒目圆睁，拂袖而去，弄得说话者莫名其妙，十分尴尬。

这使人联想到鲁迅笔下的阿Q。阿Q惯用精神胜利法安慰自己，因而少有耿耿于怀之事。别人欺他、骂他、打他，他都善于控制自己，心理很快会平衡，唯独忌讳别人说他"癞"，因为他头皮上确有一块不大不小的癞疮疤。只要有人当着他的面说一个"癞"字，或发出近于"癞"的音，或提到"光""亮""灯""烛"等字，他都会"全疤通红地发起怒来，口讷的便骂，力小的便打"。

其实，不仅老任和阿Q是如此，忌讳心理人皆有之。当过长工、后来揭竿而起并终于称王的陈胜就忌讳别人说他是庄稼汉出身。有几位患难兄弟在陈胜面前不知趣地提起"有损领袖形象"的往事，结果招来杀身之祸。你看，陈胜的忌讳心理是多么强烈，这几位患难弟兄因不谙忌讳之术而丢了脑袋又是多么可悲!

摩洛哥有句俗语叫:"言语给人的伤害往往胜于刀伤。"这是实情。同事之间为搞好关系,不要揭人短处。

揭短的言语不论是对人或对事,都会让人受不了的,会使人际关系出现阻碍。同事们宁可离你远远的,免得一不小心被你的直言直语灼伤;即使不能离你远远的,也要想办法把你赶得远远的,眼不见为净,耳不听为静。

一天,在公司的集会中,张先生看到一位女同事穿了一件紧身的新装,与她的胖身材很不相称,便直言直语:"说实话,你的这件衣服虽然很漂亮,但穿在你身上就像给水桶包上了艳丽的布,因为你实在是太胖了!"

女同事瞪了张先生一眼,生气地走开了,从此再也没有理过他。

揭短犹如一把利剑,在伤害别人的同时,也会刺伤自己。

俗话说"打人不打脸,骂人不揭短"。人既是最坚强的,也是最脆弱的。尤其是当一个人觉得他的自尊受到伤害,他将要颜面扫地时,他的潜能就会爆发出来,他会死要面子,死"扛"到底。因此,在说话交谈时,必须注意不能一味地揭他人伤疤。

传说清朝乾隆年间,杭州南屏山净慈寺有一名叫诋毁的和尚。人如其名,这和尚聪明机灵,又心直口快,常常议论天下大事,指点江山、激扬文字,少不了对一些朝政指指点点,而且有什么说什么,想讲就讲,想骂就骂。

后来，乾隆下江南时来到杭州，听说了此人。乾隆心中不悦，暗想：天下竟有如此狂妄之人，我去会会他，只要让我抓住把柄，我就狠狠地治治他。

于是，乾隆便乔装打扮一番，扮作秀才模样来到了净慈寺。

乾隆找到诋毁和尚，相互寒暄一番。忽然，乾隆看见地上有一些劈开的毛竹片，便随手捡起一片问：

"老师父，这个叫什么呀？"

按照当时的说法，这种竹片叫"篾青"，就是"灭清"的谐音。诋毁刚想回答，觉得有点儿不对劲，再看看眼前这位秀才，气宇轩昂，不像是个普通的秀才，于是眼珠一转，答：

"这个我们都叫它竹片。"

乾隆一听，心中赞叹：好个竹片，和尚你有两下子。但乾隆不甘心，随即将竹片翻过来，指着白的一面问：

"老师父，这个又是什么呢？"

"这个嘛……"诋毁心想，若回答"篾黄"又是"灭皇"的谐音，肯定不妥，便改口道："噢，我们管它叫竹肉。"

乾隆又失败了。

从这个小故事中我们可以看出诋毁和尚的机智。其实每个人都一样，如果多加注意回避他人忌讳的东西，就能省去很多不必要的麻烦。

凡是弱点、缺点、污点，一切不如别人之处都可能成为忌讳之处。总结起来，有三个方面一定要多加注意：

1. 丑陋之处

人人都有爱美之心，不幸的丑陋者和残疾者大多有自卑感，不愿听到跟自己的短处有关的话题。谢顶者忌说"亮"、胖子忌说"肥"、矮子忌说"武大郎"、其貌不扬者忌说"丑八怪"、跛子忌说"举足轻重"、驼背忌说"忍辱负重"等。这种完全正常的心理应该得到充分理解。

有生理缺陷的人本来就很痛苦，如果再被别人拿来取乐，会给他们造成很大的伤害，这样很容易激怒他们。比如有的人很胖、有的人很瘦、有的很高、有的又很矮、有的人长得很丑等。这些本是有目共睹的事实，别人不提也罢，但是如果以讥讽的口气当众指出时，就会使人感到难堪，产生不满。

报上曾有过一则新闻：一位女中学生，只因为有人说了她一声"胖女人"，羞愧之极，竟绝食身亡。

有时候，说话者由于不小心而在言辞中触及他人的生理缺陷，人家虽然当面没对你发火，但心里却在记恨你。

有些人因不明情况而在谈话内容中无意触到对方短处，还情有可原，因为不知者不为罪，可有人偏偏口下无德，爱揭人短处。

这种人，时时处处注意他人的生理短处，拿来取笑，可也要小心自己有把柄被别人抓住，后患无穷。即使伤了别人，对自己也不见得有多少好处，还是不说这类话为佳。

2. 失意之处

人生在世，总希望自己能一帆风顺、有所作为，实现人生的价值。但是，月有阴晴圆缺，人难免有失意之处，或高考落榜，或恋爱受挫，或久婚不育，或夫妻反目，或就业不顺利，或职称评不上，诸如此类的失意之处暂时忘却倒也轻松,有人有意无意提起就使人心灰意懒,沮丧不已。万事如意、踌躇满志之人则多以昔日的失意为忌讳,生怕传播开去,有失脸面。

小赵是个热心肠的人,不管是朋友、同事或邻居,谁要是有个三灾四难的,他总是跑在头里,帮人家出主意、想办法,排忧解难,从不计较得失,深受大家好评。但小赵有个缺点,就是爱打老婆。有一天,邻居有夫妇俩因家庭琐事引发了一场战争,丈夫把妻子打得大哭大叫的,惊动了小赵。小赵虽然自己也打老婆,但他却看不惯别人打老婆。他进屋劝解,让他们夫妻有事好好商量,别采取这种过激的方式。谁知他刚说了两句,那个男邻居就让他走开别管,并说:"你自己都管不了自己,还管我们的闲事呀!"这句话一下子触到了小赵的短处,他的脸当场变得通红,要不是在人家屋里,他非揍那个男人不可,他忍了忍回自家屋了。事后,男邻居认识到了那天说的话不妥,上门向小赵道歉,小赵表面上虽然原谅了他,但对那句话一直耿耿于怀。从此,那个邻居家无论有什么事小赵也不搭腔了。

3. 痛悔之事

人的一生中免不了要犯这样或那样的错误,而一旦认识错误便会痛悔之至,以后一想起自己曾犯过的错误就自觉脸上无光。犯过品质错误(如曾有偷窃行为或生活作风问题)者更是讳莫如深,如果听到有人说起类似的错误,就会有芒刺在背、无地自容之感。

在人生道路上人人都难免失足、犯错误,只要改了就好。有些问题一旦改正了，成了历史，当事人就不愿意提及这不光彩的一页，更不希望有人拿它当话把儿，到处去说。如果有人拿这些问题做文章，就等于在人家伤口上撒盐，就有损于人家的名誉，这也是不能容忍的。

有一位青年工人，小时候不懂事，曾犯过错误被劳教一年。从此他接受教训，参加工作后，他严格要求自己，积极工作，多次受到表扬，后来当上了车间的一个组长。可是有人不服气、不服管。有一次，小许在工作中私自外出被他发现，便提出批评。小许不服气，揭人家的短说："你是多大个官呀？还想管我？一个劳教释放人员，哼！"要是说别的他也许并不急，可是揭过去的疮疤他就急了，火气十足地说："你再说一遍！""我就说，劳教释放……"没等他说完，组长的拳头就打了上去。

翻人家的污点，触及人家的短处，不管是有意还是无意，对己对人都是不利的，我们在交际时应该小心这一点。

滑稽≠幽默

很多研究表明，在演讲中运用幽默是有益处的。最重要的一点是听众喜欢具有幽默感的演讲者，也许听众不会自动将演讲者的话视为真理，但是他们会更乐意接受演讲者所传达的信息。

将幽默巧妙地融入演讲中，能把听众的注意力吸引到主要观点上。社会学研究表明：人们对于融入笑话或者逸事中的信息的记忆时间要长于对于纯粹信息的记忆时间。许多演说家追求的理想境界是将观点融入一个笑话中，当听众记住这个笑话并将它讲给别人听时，他们会很自然地记住其中的观点。

因此一个初次登台演说的人，常会认为自己应该像一个演说家那样带有幽默性，即使他在平时言行庄严，但是，当他站在讲台上要讲话的时候，一开始就想先讲一则幽默故事，尤其是在饭后举行演讲时，更易发生这种情形。结果，他自以为十分得意的作风，竟会使听众感觉到像读字典一样乏味，他的故事根本不会引起人家的兴趣。

遗憾的是有很多人把滑稽与幽默混为一谈，其实滑稽和幽默是不同的。滑稽是一些笑话或有趣的动作等，而幽默是一种更高层次的智慧积淀。那些在马戏团、喜剧俱乐部或者议会工作的人具有滑稽的天赋。但是我们都知道，一个具有幽默感的人甚至可能不会讲笑话。他不会使你开怀大笑，但是能让你感到气氛很友好，博得你的浅浅一笑。这恰好是你在演讲中应努力达到的境界。你要学会在演讲中运用幽默感，而不是用笑话展现自己滑稽的一面。

你听说过哪一个演讲者以一个毫无意义的笑话开始他的演讲？如果演讲者在演讲开始讲一个毫无意义、毫不相关的笑话，听众会有什么反应呢？可能这个笑话很滑稽，你会开怀一笑。即使是这样，这个笑话也只是分散一下听众的注意力，因为它对演讲毫无帮助，只是在浪费时间。

另一种糟糕的情况是听众对演讲者讲的笑话没有反应，这称作笑话的"炸弹效应"。听众都明白演讲者的意图，试图展现滑稽的一面，但是没有人回应，这时演讲者会在一片寂静中感到很紧张，听众也会感受到这种紧张的气氛（听众甚至会看到演讲者脸上渗出的汗珠）。在这种情况下，演讲者就陷入笑话炸弹效应的尴尬境地中了，而且很难摆脱。

一个舞台上的演员，如果他对观众说了几则自以为幽默而实际上乏味的故事，他立刻会被喝倒彩并驱逐下台。当然，如果演讲台下的听众都很文雅的话，他们比较具有同情心，但是他们虽然被同情心驱使勉强在表面上克制着，或不至于对演说者发出嘘嘘声，心里却不禁要为他的演说失败而深感失望！

整个演说中，没有比让听众高兴得发笑更为困难的。幽默是一件十分微妙的事，和一个人的个性有着密切的关系，有的人生来就有这种天赋，但有的人却没有。一个没有幽默天赋的人，如欲勉强做得幽默，就如一个碧眼的人想把他的眼睛改成黑色一样。

要知道，一个故事的趣味很少含在故事的本身里，故事之所以有趣，完全得看讲故事的人是怎样的讲法。100个人同讲一个幽默的故事，有99个人是要失败的。如果你确知你是一个具有幽默天赋的人，你就应该努力培养你的这份天赋，使你无论到什么地方都备受欢迎。但是，如果你的天赋不在这方面，而你硬要去学幽默，真是"东施效颦"、愚不可及了。聪明的演说家们从不会为了只想幽默而讲一则故事。幽默有如糕饼上的糖霜，而不是饼本身，所以只能巧妙地穿插一些在演说里面。例如，驰名美国的幽默演说家利兰，为自己定了一个规矩，在开始演说后的3分钟内绝不讲述故事，这个规矩也值得我们效法。

另外要强调的是，使用伤害性的幽默也属假作幽默之列。有的人为了表现幽默，不惜使用一些令人反感的言辞，以牺牲感情为代价，结果只会适得其反。幽默本来应该是演讲者与听众之间的桥梁，然而在此却变成了一种伤害，这不能算作是真正的幽默。

因此，首先应该尽量避免有关个人性别和种族的笑话，这是一个基本常识，很多人认为种族和性别问题是很令人反感的。能够起控制作用的不是演讲者的想法，而是听众的感受。可能有些人会很反感你讲的笑话，而这些人实际上并不是笑话的攻击对象。这里要提醒一下：有关艾滋病的笑话同样令人反感。

假如你正在听笑话，并且你是爱尔兰人，而笑话正是有关爱尔兰人的，你的感觉如何？专家们建议不要使用这种话题的笑话，但是有些人还是要冒险使用。请你牢记一点，你是想利用幽默交友，而不是树敌。

其次，你听过演讲者使用"男女混合公司"这个短语吗？演讲者可能是这么说的："我知道一个笑话，但是我不能在男女混合的公司里讲。"应避免说这个短语，因为它的使用要考虑听众的性别。如果公司中只有男性职员，演讲者可以讲这个笑话，因为它只会冒犯女性而不会使男性职员反感。

很多女性都反感黄色幽默。所以一般将"男女混合公司"定义为具有高雅品位和低俗品位的人的混合。通常听众不全是由低俗的人组成的，如果你总是在男女混合公司里讲黄色笑话，肯定会冒犯听众的。

最后，"讽刺"这个词起源于古希腊，在文学作品中被演化成"摧残肉体"。现在人们已经很少使用讽刺这个词了，但是这并不意味着它已经被人们完全遗忘了。那些使用大量讽刺性质笑话的演讲者的主要目的是显示他们的智慧，不幸的是，这些伤害人的话语只能表现演讲者邪恶的一面。

虽然讽刺有时可以用来有效地攻击演讲者与听众的公敌,但是这并不意味着听众可以坦然地面对讽刺。听众都知道讽刺随时会转向他们,尤其是在他们提出敏感话题的时候。面对尖刻的演讲者,听众会感觉很不自在。很多演讲者利用幽默来缓解紧张气氛,讽刺则会起到相反的作用。

那么,难道演说的开头应该严肃吗?不,如果你能够,不妨在开头先引用几句名演说家说过的话,或是谈一些涉及当时的事情使大家发笑,或是故意夸大地批评一些矛盾的事。这样的幽默,比引用那些引人发笑的故事有更多的成功机会。

引人发笑的最简便的方法,是讲一些关于你本人可笑的事件,把自己说得十分可笑,而又装得好像有些发窘,那么听众的心理,恰如见到一个人因踩到果皮滑了一跤,或一个人正在拼命追赶他那被风吹去的帽子一般,觉得十分好笑。

瞅准对象说好话

讲话的目的是为了让别人听,要使人家能听懂、听清、听进去,你就应该注意说话的对象。

每一个人在社会中都扮演一些不同的角色,而不同的角色使人在心理、在意识等方面有一些不同的特点,而由此又决定了人们对于语言表达的内容、方式的选择和接受的某些取向。

正因为如此,同一个意思,不同的人可能就会采取不同的表达方式,而我们这里尤其强调的是同样一句话,不同的人听来,会有不同的甚至是截然相反的反应。

这样，说话要看对象就成了口语交际中必然而又重要的要求了。如果忽略了或无视这一要求，就必然会给交际带来不好的影响，甚至还会使交际无法正常进行。

人与人之间的差别是多方面的，就口语表达和接受而言，最大的现实差别主要有以下几个方面，而口语交际中的"不看对象"，也主要表现为对以下一些方面的"不注意"：

1. 不注意年龄差异

我们经常可以发现，小孩之间的吵架常是由于互相诋毁导致的。

"阿军，你为什么又跟小亮打架呢？"妈妈问道。
"谁叫他骂我是个秃子！"阿军愤愤地说。

"你长得真像个包子！"一个小男孩对旁边的女孩说。
女孩马上反驳道："你以为你长得美呀，哼，芦柴棒一根！"

年龄的不同，会导致听话者对话题反感的程度不同。像小孩，你就不能指责他；而对于老人，最忌讳提及"死"字。例如，几位年轻人去看望一位退休多年的老师傅——

"您老身体真硬朗，今年高寿？"
"79，快80了。"
"好呵，人生七十古来稀，厂里数您最长寿吧？"
"哪里，老宋才是冠军，他活了85岁。可是年岁不饶人，他前不久去世了。"

"唷，这回该轮到您了！"

老师傅一听这话，脸色陡然变了。

不要把听话者一视同仁，你不仅要考虑他的性别，还要考虑他的年龄。

2. 不注意语言差异

世界上有许多种语言，受各方面因素的限制，大部分人只能掌握和运用本国或本民族的语言。即使是本国或本民族语言，还存在着方言不同的问题。如汉语，使用它的人遍布全国各地，但每个地区都有自己的方言，这给口语交际带来了极大不便。同样的话在不同的地区可能会有不同的意思，所以说，交谈时要注意对象在语言上的差异。

有些人不注意这一点，在不同地域的人面前也用方言，结果闹出笑话，有时候甚至会产生不良后果。

有这样一个笑话，说是有个广州人在北京排队买东西，他对站在最后的一位女青年说："同志，你最美（尾）吧？"中国女子不像某些西方女子那样喜欢人家公开夸她漂亮，特别不喜欢素不相识的异性同她搭讪或夸她漂亮，结果，那个女青年白了他一眼。那个广州男子见她不出声，就顺口又说一句："我爱（挨）你站着！"这一下可把那个女青年惹火了，劈头盖脸就骂："你这个人咋的，想要流氓吗？大白天的，又不认识你，什么'美'呀！'爱'呀！想到派出所去是不是……"那个广州人挨了一顿骂，有口说不清。后来，一位到过广州的女同志才给那个女青年解释清楚了。原来那个广州人说的是:"同志,你排的是最后一个吧?"他把"最后"说成"最尾","尾"字和"美"字,广州人用普通话表达不容易分得清;同样,"挨"和"爱"字也容易混淆。我们国家疆土辽阔,文字同而言语异,南人不习北语,北人不懂南话,这不仅影响了社会交际,而且每每闹些误会,令人啼笑皆非。上述故事正反映了这种现实。

可见,进行口语交际时,如果不注意交际对象在语言上的差异是会妨碍交际的。

3. 不注意文化层次差异

一位大学毕业生分到一家厂子工作,起初感觉不错,但没过几个月,发现车间主任对他越来越冷淡了,他很迷惑。后经一位好心师傅指点他才恍然大悟,原来他在学校待惯了,说话爱用些术语,像什么"最优化方案""程序化""目标管理"等,而车间主任只上过技校,最烦别人在他面前咬文嚼字、卖弄学识。

到什么山上唱什么歌,当你与不同层次的听话者说话时,你就必须用他所具有的文化水平说话。一般来说,文化层次越高的人越喜欢用一些典雅的言辞。

4. 不注意风俗习惯的差异

由于人们所处的地域不同,所以形成了不同的风俗习惯。不同的交谈对象可能会有不同的风俗习惯。如果不注意交谈对象的风俗习惯,也可能会造成失误,影响交际。

不久前,一位美国生意人来到一家公司洽谈生意。美国客商刚走下小车,公司经理迎了上去,一句生硬的英语脱口而出:"You had breakfast yet?"(您吃过早饭了吗?)

经理这一问可把美国客商问蒙了,他看了看周围的人,又拿出表看时间,很是莫名其妙。他问身边陪同的翻译人员:"这家公司的先生没有邀请我吃饭呀!现在都10点钟了,还没吃早饭吗?"这位翻译员突然省悟过来,连忙解释,才避免了一场误会。

原来,在西方国家,如果你问对方吃过饭没有,他们会以为你想邀请对方就餐或吃点儿东西。假如对方回答"还没有吃过",你又不发出邀请,对方则会认为你要弄他们。前面经理的"您吃过早饭了吗"本来是一句典型的中国客套话,可是外商理解不了,险些造成误会。

此例告诉我们,说话要注意区分对象,注意交际中的习俗,即使客套话也不例外。

5. 不注意心理因素

人们由于性别、年龄、经历等方面不同,造成人与人之间的心理差异。例如有人性格开朗,有人性格内向;有人是多血质,有人是抑郁质;有人爱好玩乐,有人爱好学习……这些都表现出人与人之间的心理差异。交谈时如果不注意这一点,也容易出问题。

切忌"哪壶不开提哪壶"。这是一句老话,指的是在交际中,一方提到了另一方最不想提的话题。而在日常的口语交际中,这样的人确实有不少。

某学校分配住房,一位青年教师"谎报军情",本来没有登记结婚,填表时却写上已登记,结果取得了分房排队的资格。

到分房子的时候,排在他后边的人揭穿了他,使得他当场被宣布取消了分房资格。

当天，这件事情就传开了，很多人都知道了。这天晚上，这位青年教师的一位同事遇到他，关切地问了一句："听说你这次分房遇到了点儿麻烦？"

要说这句问话也够得上"委婉"了，因为并没有直接说出"作弊"之类的话，而只是说"麻烦"。可无论如何，这样的问话毫无疑问是有害而无利的，只能使对方陷入尴尬甚至痛苦的境地，并由此而不悦、上火、生气。

因此，哪壶不开提哪壶是极不明智的，尽管你的出发点可能并不坏，但是绝对不会有好的效果。

像遇到上边那种情况，比较合适的做法是说点儿别的什么，甚至于什么也别说，点个头、打个招呼也就可以了。

跟得意人谈你的失意事，他至多做表面功夫，绝不会表示真实的同情，有时也许会引起误会，以为你是请求帮助，他会预先防备，使你无法久谈。所以要诉苦应向"同病"的人去诉苦，同病自会相怜，可得到精神上的安慰，可以稍解胸中不平之气。你要谈得意事，应该向得意的人去谈，你捧他，志同道合。若你涵养功夫不够，稍有得意事便要逢人告诉、自鸣得意，结果让人骂你小人得志、笑你沾沾自喜，也许无意中引起别人的妒忌。另外，偶有不如意事，你觉得抑郁牢骚，有如骨鲠在喉，总想一吐为快，最好的办法是：得意事要放在肚里，失意事也要放在肚里，不要随便对人乱说。

总而言之，你要说话先要看准对方，他是愿意和你说话的人吗？如果不是，还是不说话为妙；这个时候，是你说话的时候吗？

如果不是时候，还是沉默的好。说话的成功与失败与时机有关系，多说话未必当你是能干；少说话未必当你不会说。

用恰当的方式说恰当的话

在交际中，如果不注意说话方式，所用的说话方式不恰当，对方就会误解你的本意。当出现理解上的歧义时，就有可能造成不良后果，从而影响正常交际，违背表达者的初衷。

讽刺、挖苦是一种有强烈刺激作用的表达方式。它往往是以嘲笑的口吻说出对方的缺点、不足之处，使人当众丢丑，难以忍受，轻则导致对方反唇相讥，重则大打出手，造成很恶劣的后果。

某主任如此议论他的下属："黄×那个人这辈子算是白来了，堂堂大学毕业生，找不上一个老婆，姑娘们见面就摇头。他写的那个文章，就像小学生作文，前言不搭后语，字还没有蜘蛛爬得好。我要是他，早找根草绳上吊了……"

黄×后来听到这些议论，索性在工作时一字不写，利用业余时间写小说、写报告文学。

作为工作中的上级和情感上的朋友，看到下级及朋友身上存在缺点和不足，应该正面指出来，指导他、帮助他，促使他前进，而不应该取笑他。那些总是取笑别人的人往往缺乏自信心，对前途有一种恐惧感，害怕别人看不起自己，因而借取笑别人来释放心中的压抑，试图改善自身的形象。岂不知，这样做恰恰破坏了自我形象，引起他人的反感与对立。

因此，讽刺、挖苦的表达方式绝不可轻易使用。那种粗俗谩骂的说话方式也应该予以摒弃。

说话要讲究文明礼貌，这是最起码的要求。口语交际中，说话粗俗不雅、满口脏话，甚至谩骂、恶语伤人等不文明谈吐，是对他人的侮辱，是令人难以忍受的。这种说话方式往往造成不愉快的结果，影响交际，破坏风尚。

比如，在交际中发生了矛盾。有人在气急的情况下，常常骂人，口吐脏话，如说："你这是胡说八道""你放屁""你是什么东西"。不管在什么情况下，这样的谩骂都是无礼的行为，都易激怒人。

还有一种情况，就是有的人说话爱带"话把儿"，比如"他妈的"等，而且形成了不良习惯，成了口头禅。在他们看来是无意的，可是别人听来就很刺耳，就难以容忍，极易做出强烈的反应。

从表达的语气语调来看，说话方式还有刚柔软硬之分。一般情况下，柔言谈吐，语气温和、用词恰当，如和风细雨，听来亲切，易于被人接受，产生好感。即便是在内容上有违对方的意思，也不至于当场把对方得罪。相反，刚烈之言，语气生硬、高声大嗓，如同斥责训教，听来刺耳，使人感到难受、反感，有时甚至说话的内容并无问题，但就因使用了这种刺激人的说话方式，仍然会使人生气、发火、得罪人。

对于一个不同意自己观点的辩论对手，如果说："你这个人不可理喻！"对方必然要做出强烈的反应。

当自己的意见不被对方理解时，就生气地说："和你说话，简直是对牛弹琴！"对方会感到是一种侮辱，与你对抗。

某人要外出，找人代买张车票，他硬邦邦地说："你给我带回一张车票，送到我家去，我要出差，听见了吗？"对方听了这口气，心里会痛快吗？他可能一句话就顶回来："对不起，我今天没有空儿。"

对一个在工作上信心不足的人，同事恨铁不成钢地说："你也太不像话了，人家能做到，你为什么就做不到？你也太不争气了！"他马上会不满接话说："你算老几呀？用你来教训我！"说完拂袖而去。

类似的生硬说法都会在不同程度上得罪人。

生硬话、愤怒话，大多是顺口而出的，没有经过推敲，因而有失分寸是很自然的事。这种语言又多是"言出怒出"，它如同烈火一般，常常起到破坏作用。

每个人都有很强的"自我意识"。在说服对方的过程中，为了不伤害对方的自尊心，就应尊重对方的"自我意识"。

很早以前就听说过，设计相同、质地相同的高级女服，价格越贵越容易销售。一家服饰店的老板讲了这样一件事：有一次，店中刚雇用不久的店员对一位正在挑选西装的顾客劝说道："这边是比较便宜的！"结果这位顾客突然大怒，当老板慌忙跑来之后，她又气势汹汹地说："什么比较便宜？我又不是没钱，你太没礼貌了！"后来老板赶紧连声道歉才算了事。

这种情况不仅限于商业中，在我们与对方交流的过程中，常常因为没有考虑到对方的自尊心、虚荣心，使用了不慎重的态度或语言而导致失败。尤其是说服自尊心、虚荣心强的人时，这种情况便会成为必然。因此，说话就必须注意不伤害对方的自尊心、虚荣心，而应照顾到对方的强烈的"自我意识"，使他接受你的观点。

我们在交谈时常常会犯这样一个错误，就是当发现对方有明显的错误时,会不客气地批评对方说:"那是错的,任何人都会认为那是错的!"这样一来,对方的自尊心会受到伤害,而突然陷入沉默。

  批评是我们常要做的事,尤其当你是一位长辈或领导时。但我们有些人批评起来简直让他人无地自容,下不了台阶。其实,这种批评方式不但无法达到让他人改正错误的目的,而且有碍于你的人际关系。既然如此,为何还要使用这种"残酷"的手段呢?在生活和工作中,我们不可能没有批评,但要学会巧妙地批评,让他人既意识到自己的错误,并尽快改正,同时也理解你善意批评的意图,使他对你心存感激。或者批评之前先总结一下他人的优点,然后慢慢引入缺点。在他人尝到苦味之前,先让他吃点儿甜味,再尝这种苦味时就会好受些。

  约翰找了一个就是奉承也无法说漂亮的女士为妻,可是几个月之后,他妻子却变得像"窈窕淑女"一般的美丽,简直是判若两人。

  这位女士在结婚之前,不知为什么对自己的容貌有强烈的自卑感,因此很少打扮。当时因为是大战刚结束,物质极端贫乏,人们的穿着都很普通。当然,她也太不讲究了。不,不是不讲究,而是认识出现了偏差,认定自己不适合打扮。她有一个非常漂亮的姐姐,这也使她产生了强烈的自卑感。每当有人建议她"你的发型应该……"时,她都怒气冲冲地说:"不用你管,反正我怎么打扮也不如姐姐漂亮。"她把自己的容貌未得到赞美的不满情绪转嫁到不打扮这一理由上,并且加以合理化。

  到底约翰是怎样说服他的太太,使她发生变化的呢?根据他自己说,当他的太太穿不适合她的衣服时,他什么也不说,但是,当她穿上适合她的衣服时,他便夸奖说"真漂亮";发型、饰物也是如此。慢慢地,她对打扮有了信心,对于容貌所产生的自卑感自然也消除得无影无踪了。

间接指出别人的不足,要比直接说出口来得温和,且不会引起别人反感。不管说话目的是什么,我们都应该采取委婉的方式,这样效果会好很多。

"常有理"最终会变成"常无理"

在日常的许多事情中,没有几件是值得我们以牺牲友谊为代价来换取的。而有些人却偏偏如此做,好像他的精神和时间都不值钱,更不用说感情的损害了。除了彼此都能虚心地、不存半点儿成见地在某一个问题上专门讨论之外,一切的争辩都是应该避免的,即使这是一个学术性的争辩。

哲学的唯物与唯心争论了两千余年,至今胜负未分;心理学各种理论的争辩也至少有几百年,现在还是不分高下。你可以看书阐述你的主张,但是不可在谈话中处处争辩。才智是可敬佩的,但好胜不是。而且,你应该听过"大智若愚"的话吧!修养高的人,绝不肯轻易与人计较的。

留心我们的周围,争辩几乎无处不在。一场电影、一部小说能引起争辩,一个特殊事件、某个社会问题能引起争辩,甚至,某人的发式与装饰也能引起争辩。而且往往争辩留给我们的印象是不愉快的,因为它的目标指向很明确:每一方都以对方为"敌",试图把自己的观点强加于别人。

你喜欢和人争辩，是否是以为你用争论压倒了对方，就会得到很大的利益呢？你要明白，你必定压不倒对方。即使对方表面屈服了，心里也必悻悻然，你一点儿好处也得不到的，而害处却多了。好争辩，第一，它使你损害了别人的自尊心，令人对你产生反感；第二，它使你很容易犯专去挑剔别人缺点的恶习；第三，它使你变得骄傲；第四，你将因此失掉所有朋友。

请从体育精神做起吧，输了不必引为可耻，而后竭力去学习尊重别人的意见。好胜是大多数人的弱点，没有人肯自认失败的，所以一切的争辩都是没有必要的。谈话的艺术就是提醒你怎样游出这愚蠢的旋涡，更清醒地去应付一切。如果能够常常尊重别人的意见，你的意见也必被人尊重，如此，你所主张的就很容易得人拥护，而不必把精神花在无益的争辩上。你可以实现你的主张，你可以左右别人的计划，但不是用争辩的方法来获取。如果你想借某一问题增加你的学识，你应该虚心地请教，而不要企图借助争辩。请记住：争辩是一场漫漫无期的战争。

每个人的见解、主张都是经过长期的生活经验形成的，你不可能在短时间内通过一场争论改变它。因此，当你遇到与别人意见不同的情况时，一方面不要太过心急地要求别人立刻同意你的看法，应该学会理解、同情对方，容许别人做更多的考虑；另一方面也不要因别人的意见一时和自己不同，就说什么"话不投机半句多"，跟人断绝交往，闭口不说话。如果你能很礼貌又很谦虚地听取别人不同的见解、主张，必然会受到人们的欢迎和尊敬。

我们都知道推销员一般能说会道，有好的口才。但这种口才是说服客户或顾客购买自己的产品，而不是让对方承认自己说得有道理。小王是公司的推销高手，销售业绩连续3年居公司第一，是公司公认的金口才。他刚刚从事推销时的一件事对他触动很大、影响很深。

小王公司生产的产品是一种更新替代型产品，与原有产品相比，功能加强了，售价也不高。小王刚开始去推销时，遇到的第一个顾客可能思想有点儿保守，接受新事物有些慢，只承认原产品好，对新产品的优点视而不见。小王不服气，他拿出新旧产品的产品说明书，两相对照给顾客讲解；同时又实际进行操作，证明新产品功能确实比旧产品好；然后进行性价比、产品生命周期对比。最终，顾客在小王的攻势下不得不承认小王说得是对的，替代产品确实比原有产品好，但顾客却没有购买新产品。

让顾客认同了自己的观点，小王成功了吗？没有，推销员应该有好的口才，口才体现在让顾客购买自己的产品，而不是让顾客不得不承认你正确。

小王正是从这件事中吸取了教训，以后经过刻苦的学习和训练，才坐上了公司推销的第一把交椅，成为公认的金口才。

切记："常有理"不是金口才，在谈话中，有输才有赢。给对方留一点儿空间，也就给自己留下了回旋的余地，离你的目的也就更近了。

当你觉得自己某些情况下不得不争论一番时，最好先问自己几个问题：

（1）这次争辩的意义何在？如果是一些根本就很不相干的小事情，还是避免争论为妙。

（2）这次争辩的欲望是基于理智还是感情（虚荣心或表现欲等）？如果是后者，则不必争论下去了。

（3）对方对自己是否有深刻的成见？如果是，自己这样岂不是雪上加霜？

（4）自己在这次争论当中究竟可得到什么？又可以证明什么？

心理学家高伯特普曾经说过："人们只在不关痛痒的旧事情上才'无伤大雅'地认错。"这句话虽然不胜幽默，但却是事实。由此也可以证明：愿意承认错误的人是少的——这就是人的本性。

过分自夸不过是在显示自己浅薄

爱自我夸大的人是找不到真正的好朋友的，因为他自视甚高，睥睨一切，不大理会别人的意见，只会自己吹牛。他只想找奉承和听从他的群众，而不是朋友，于是朋友们都唯恐避之不及。他常自以为是最有本领的人，如果他做生意，他觉得没人比得上他；如果他是艺术家，他就自以为是一代大师；要是他在政治舞台上活动呢，他会觉得只有他才能救世界、救人类。面子是别人给的，脸是自己丢的。若有真实本领，那么赞美的话应该出自别人的口，自吹自擂其实是丢自己的脸而已。凡有修养的人必不随便说及自己，更不会夸自己。他很明白，个人的事业行为在旁人看来是清清楚楚的。

请你不必自吹自擂，与其自夸，不如表示谦逊，也许你自己以为伟大，但别人不一定同意。自己捧自己，绝不能捧得太高。好夸大自己事业的重要性，间接为自己吹擂，纵使你平日备受崇敬，听了这话别人也会觉得不高兴。世间每一件值得向人夸耀的事情都是这样，自己不自夸时，别人还会来称颂，自己说了，人家反而瞧不起了。

千万不要故意与别人有不同的意见。有的人专门喜欢表示与别人不同的意见，处处故意表示与别人看法不同，比如说：你说这是黑的，他在这个时候就硬说是白的；后来你又改变了看法也说这是白的，他在这个时候就会反过来说它是黑的了。

这种人与那些处处随声附和的人一样会被人看不起，最后还有可能会让人认为他是一个不忠实的人。

好口才帮助你待人处世，没有一个人不愿意做一个口才好、到处受人欢迎的人。但是若为了展现你的口才，到处逞能，这样只会惹人憎厌，所以口才应正确且灵活地表现。

在谈话时，很有可能会出现一些分歧，这时如果立刻提出异议，对方一听就会觉得别人对自己不尊重、自己的意见被完全否定了，这样的结果很显然是令人不愉快的。

如果这种情形真的出现，就要把事情说得清楚一点，要先说明哪一点是自己同意的，哪些地方也完全同意他的看法，然后再把不太同意的某一点说出来。对方在这种情况下也就很容易接受你的批评或指正，因为他现在已经知道了双方在主要部分的意见还是完全一致的。

无论怎样，都要预先提及对方意见中你所同意的各点，就算它是不重要的一点也要说出来，这样做的目的就是为了缓和一下谈话的气氛。

总而言之，要避免在陌生人面前夸耀你个人的成就、你的富有，或者总向人说自己的儿子怎么怎么了不起之类的话；当然，更不要在一般的公共场合，把朋友们的缺点与失败当作是谈话的资料；也不要发一些无谓的牢骚，诉苦和发牢骚不是获得同情的好方法。这也是做人的一些基本态度。

责备他人其实是在掩饰自己的过错

某国巨盗葛洛莱，他的绰号叫作"双枪手"，他是杀人如麻、无恶不作的魔王。他和纽约市的150多个警察和密探激战了一小时之后，终于被捕了。但是在他被捕之前，他正在写着一封信，说他是温和而善良的人，从不曾伤害任何人。当他被判死刑的时候，他还在竭力喊冤，说是为了自卫才伤人，不应该受此极刑。这个故事告诉我们，就是一个无恶不作的巨盗，他还是自认为是好人的，那么一般人也就不用说了。谁都不肯自认其错，我们硬去批评人家，又有什么好处呢？

正如唠叨是影响说服成功的礁石一样，无用而令人心碎的指责也是成功说服的敌手。不要时时处处指责对方，这样改变不了对方。可有些人不仅在家庭内部，而且在朋友和熟人面前也不忘指责自己的伴侣。这种指责不仅改变不了对方的缺点和错误，反而伤害了双方的感情。如果对方确实有错，那就委婉地提出，真诚地帮助，甚至以情感的力量去感化对方，相信对方一定会在意你所付出的一切。

对别人批评，只会使别人竭力掩饰自己的过错而已。这不仅关系到被批评者的颜面，而且还足以引起被批评者的反感。在某国的军队中有一条军法，就是士兵不得随意指责哪一个战友，如果谁违反了这一条军法，就得受到严厉的责罚。这一条军法的用意是免除大家因批评而彼此闹意见，使内部出现不合作的现象。一家商店的老板，如果他只是批评伙计，说一班伙计怎样怎样不好，这班伙计一定不会为他忠心服务，这家商店一定不会发展的；一个主妇，如果老是批评用人不好，用人也不会忠心地做事，这样主妇是不会得到什么好处的。

据说，女性如果在其他女性面前被伤害了自尊心，那简直比死还难过。当个别家庭妇女在超级市场顺手牵羊偷拿物品被当场发现时，处理这件事的人员考虑到女性的深层心理，于是将她带到个别的房间内进行处理，可以说这是一种很好的说服方法。所以，有第三者在场时，我们不应向别人尤其是女士提出批评。

有些人很喜欢指责他人，一旦出现问题，他们首先想到的就是如何将责任推卸给别人。有些人似乎养成了一种不以为然的恶习，他们动不动就批评、指责他人，有些人更以此为快。一旦出现了问题，他们首先想到的就是射出批评之箭，中伤他人。还有些人，他们本来自己在某方面做得并不好，却非要拼命去批评人家。这种批评怎会以理服人呢？其结果要么伤害他人，要么被人抵挡，弄得自己反遭他人伤害。其实，尽量去了解别人，尽量设身处地去思考问题，这比批评、责怪要有益得多，这样不但不会伤人害己，而且让人心生同情、忍耐和仁慈。"了解就是宽恕"，何不多点儿温柔之术呢？所以，当我们批评他人时，先想想自己：我做得怎样？是否应该完全怪罪他人？这样你也许会完全改变自己的想法和行为，并与他人保持一种良好的人际关系。

让我们记住，我们所要说服的对象，并不是绝对理性的动物，而是充满了情绪化、成见、自负和虚荣的人。

鲍勃·胡佛是个有名的试飞驾驶员，时常表演空中特技。一次，他从圣地亚哥表演完后准备飞回洛杉矶。根据《飞机作业》杂志的描述，胡佛在离地100米高的地方时，刚好有两个引擎同时出现故障。幸亏他反应灵敏、控制得当，飞机才得以降落。虽然无人伤亡，飞机却已面目全非。

胡佛在紧急降落之后第一个工作是检查飞机用油。正如所料，那架螺旋桨飞机装的是喷射机用油。

回到机场，胡佛要求见那位负责保养的机械工。年轻的机械工早为自己犯下的错误痛苦不堪，一见到胡佛，眼泪便沿着面颊流下。他不但毁了一架昂贵的飞机，甚至差点造成3人死亡，你可以想象出胡佛当时的愤怒。但是胡佛并没有责备那个机械工，他只是伸出手臂，围住工人的肩膀说："为了证明你不会再犯错，我要你明天帮我修护我的F-51飞机。"

的确如此，我们很多人说话时，经常只顾自己痛快，过后才发现不小心伤了别人的心；尤其是当别人做了错事，或自己因此而吃了亏，就更觉得自己受了委屈，要从嘴上图个痛快，于是一些难听尖刻的话就不自觉地冒了出来，结果往往是爽快一时却伤了和气。

有时别人并没什么大错，但不幸遇到你情绪不好，也可能遭到你尖锐的责备，结果当然更糟。同学不小心把你的铅笔盒碰翻，你破口大骂，从他帮你捡东西开始一直骂到东西捡完。如果边上的同学早就习惯了你这种脾气那还好一些，否则你会发现以后经常会遇到许多冷眼。

只要你不是无缘无故地责备别人，在你开口之前，别人总是处于一种被动的心理状态，因为他们感到自己做错了事，自责的心理能让他们安静地接受你的责备，但绝对不是任你处置，随你发泄。当你的责备已经到伤害他们自尊心的地步，那么自责心理就可能立即消失，并可能产生不快，而不快会发展成怨恨。服务行业有忌语，那是因为这些忌语不够礼貌，不够尊重顾客；而教师的忌语则可能是伤害学生自尊的话，否则你原有的一点好意会被这种伤害冲得荡然无存。

朋友之间不能在责备对方时，老账新账一起算，把以前的不满都说出来，甚至以前已责备过的事情也提出来加以重复。朋友之间永远不要重复责备第二次，甚至责备越少越好。约翰博士说过："上帝本身也不愿论断人，直到末日审判的来临。"那么我们又何必如此呢？因此，你要帮助对方认识并改正错误，你要说服别人。从现在开始，就请记住这个原则：不要总是责备他人。

时机未到时就得保持沉默

哲学家说，沉默是一种成熟；思想家说，沉默是一种美德；教育家说，沉默是一种智慧；艺术家说，沉默是一种魅力。我们知道，在人际交往当中，沉默是一种难得的心理素质和可贵的处世之道，当然，任何事情又都不是绝对的。

心理学告诉我们，在不同的场合环境中，人们对他人的话语有不同的感受、理解，并表现出不同的心理承受力。正因为受特殊场合心理的制约，有些话在某些特定环境中说比较好，但有些话说出来就未必好。同样的一句话，在此说与在彼说的效果就不一样。因此，说什么，怎么说，一定要顾及说话的环境，如果环境不相宜，时机未到，最好的办法是保持沉默。

日本公司同美国公司正进行一场贸易谈判。

谈判一开始，美方代表滔滔不绝地向日商介绍情况，而日方代表则一言不发，埋头记录。

美方代表讲完后，征求日方代表的意见。日方代表恍若大梦初醒一般，说道："我们完全不明白，请允许我们回去研究一下。"

于是，第一轮会谈结束。

几星期后，日本公司换了另一个代表团，谈判桌上日本新的代表团申明自己不了解情况。

美方代表没有办法，只好再次给他们介绍了一遍。

谁知，讲完后日本代表的态度仍然不明朗，仍是要求道："我们完全不明白，请允许我们回去研究一下。"

于是，第二轮会谈又告休会。

过了几个星期后，日方再派代表团，在谈判桌上故伎重演。唯一不同的是，这次，他们告诉美方代表一旦有讨论结果就立即通知美方。

一晃半年过去，美方没有接到通知，认为日方缺乏诚意。就在此事几乎不了了之之际，日本人突然派了一个由董事长亲率的代表团飞抵美国开始谈判，抛出最后方案，以迅雷不及掩耳之势逼迫美方加快谈判进程，使人措手不及。

最后，谈判达成一项明显有利于日方的协议。

这场谈判成功的关键在于一句俗话"会说的不如会听的"，听出门道再开口，而开口便伤对方"元气"，不很高明吗？

在生活中，我们有时故作"迟钝"未必不是聪明人，"迟钝"的背后隐藏着过人的精明。有人推崇一种"大智若愚型"的艺术——意即在商业活动中多听、少说甚至不说，显示出一种"迟钝"。其实这样做的目的是为了获得最大的利益。少开口，不做无谓的争论，对方就无法了解你的真实想法；反之，你可以探测对方动机，逐步掌握主动权。

这时候的沉默，实际是"火力侦察"。

"话到嘴边留半句，不可全抛一片心"，"言多必失，语多伤人"，"君子三缄其口"的古训，把缄口不言奉作练达的安身处世之道。今天，我们亦应谨记这些古训，该沉默时一定要三缄其口。沉默，是一种态度。沉默，是一种特殊语言。沉默，也会赢得百万金。

受到攻击时，沉默是最好的方法

雄辩如银，沉默是金。在我们的生活中，有些时候确实是沉默胜于雄辩。与得体的语言一样，恰到好处的沉默也是一种语言艺术，运用好了常会收到"此时无声胜有声"的效果。

假如我们在生活中遇到个别强词夺理、无理辩三分或者出言不逊、恶语伤人的人，与之争辩是非或是反唇相讥，往往只能招来他们变本加厉的胡搅蛮缠。对付这种人的最好办法往往不是以眼还眼，以牙还牙，而是保持沉默。这种无言的回敬常使他们理屈词穷，无地自容，正如鲁迅先生所说：沉默是最好的反抗。

国外某名牌大学，曾发生过老师和校长反目的情形，该校校长遭到许多老师的围攻。当时，也有一群学生冲进校长的研究室，对他提出各种质问。但是，无论教师说什么，这位校长始终不开口，双方僵持了几个小时后，教师们终于无可奈何地走了。

这位校长保持沉默，实际上也是一种反抗，同时又给对方一种高深莫测的感觉，从而造成心理上的压迫感。由此看来，"沉默是金"确有一定道理。

当对方出于不良动机，对你进行人身攻击，并且造谣诽谤时，如果予以辩驳反击，又难以分清是非，这时运用轻蔑性沉默便可显示出锐利的锋芒。你只需以不屑的神情，嗤之以鼻，就足以把对方置于尴尬的境地。

某单位有两个采购员，田宁因超额完成任务而受奖，郑伟却因没尽力而被罚。但郑伟不认识自己的问题，反而说三道四。在一次公众场合，他含沙射影地说："哼，不光彩的奖励白给我也不要！有酒有烟我还留着自己用哩，给当官的拍马屁，咱没有学会！"

田宁明白这是在骂自己，不免怒火顿升，本想把话顶回去，可是转念一想觉得如果和他争吵，对方肯定会胡搅蛮缠，反而助长其气焰。于是他强压怒火，对着郑伟轻蔑地冷笑一声，以不值一驳的神色摇了摇头，转身离去，把郑伟晾在一边。

郑伟的脸红一阵白一阵的，窘极了。

众人也哄笑道:"没有完成任务还咬什么人,没劲!"至此,郑伟已经无地自容。

在这里,田宁的轻蔑性沉默产生的批驳力比之用语言反驳,显得更为有力、得体,更能穿心透骨。这也许是对付无理挑衅的最有效的反击武器。

有些人在遇到麻烦的时候,常常喋喋不休,唠叨不止,殊不知这样正好暴露了自己的弱点。处在尴尬情况下,与其聒噪不停,甚至说错话,倒不如保持沉默。

沉默像乐曲中的休止符,它不仅是声音上的空白,更是内容的延伸与升华。它是一种无声的特殊语言,是一种不用动口的口才。

别人论己时切莫打断

在大多数场合下,注意聆听别人的谈话非常重要。当听到别人谈论自己的时候,很多人容易犯这样一个错误:一旦别人谈到自己时,尤其是不利于自己的情况时,往往会打断别人,进行争论。其实,这是最不明智之举。

伊利亚·爱伦堡的长篇小说《暴风雨》出版后,在社会上引起震动,褒贬不一,莫衷一是。某报主编不知从哪里得到了斯大林对《暴风雨》的看法——认为此书是"水杯里的暴风雨"。

为了讨好领导,主编就组织编辑部人员讨论这部小说,以表示该报的政治敏感性和高度的警惕性,表明该报鲜明的立场。

讨论进行了数小时，发言人提出不少批评意见。由于主编的诱导，每篇发言言辞都辛辣而尖刻，如果批评成立的话，都足以让作家坐几年牢。可是在场的爱伦堡极为平静，他听着大家的发言，显出令人吃惊的无动于衷的态度，这使与会者无法忍受，纷纷要爱伦堡发言，并要求他从思想深处批判自己的错误。

在大家的再三督促下，爱伦堡只好发言。他说："我很感谢各位对鄙人小说产生这么大的兴趣，感谢大家的批评意见。这部小说出版后，我收到不少来信，这些来信中的评价与诸位的评价不完全一致。这里有封电报，内容如下：'我怀着极大兴趣读了您的《暴风雨》，祝贺您取得了这么大的成就。——约瑟夫·斯大林。'"

主编的脸色很难看，以最快的速度离开会场，那些批判很尖刻的评委们，都抱头鼠窜了。爱伦堡轻轻地摇摇头："都怨我，这么过早地发言，害得大家不能再发言了。"

爱伦堡的聪明在于，如果他据理反驳，必能激起同仁们更加尖锐的批评，这种场合，最明智的做法就是保持沉默，褒贬随人。

沉默的力量是无边的，它可以帮你说服反对你的人，让你向成功迈进。所以我们要学会沉默，学会在别人论己时保持沉默。

恰当运用沉默的方式

在特定的环境中，沉默常常比论理更有说服力。我们说服人时，最头痛的是对方什么也不说。反过来，如果劝者保持沉默什么也不说，被劝者的抱怨或无知就找不到市场了。

不同的沉默方式有不同的作用，运用时必须恰到好处。

1. 不理不睬的沉默可让人摆脱无聊的纠缠

当你正为自己的事情忙得不可开交的时候，同事却不知趣地想跟你闲聊，或者有推销员厚着脸皮赖着不走，或者有人找你去做你不想做的事情。这时，你应尽可能对他们一言不发，不理不睬。过一会儿，他们见你无反应，定会知趣地悻悻走开。

2. 冷漠的沉默能使犯错误者认错改正

有一个出身于有教养家庭的小学生，一天他拿了同学一件好玩的玩具，晚饭前回来，装出一副若无其事的样子，同往常一样笑吟吟地说："妈妈，我回来了！""姐，我饿了。""怎么了？"沉默。"我没做错事啊！"还是沉默。妈妈眼睛瞪着他，姐姐背对着他，全家都冷冰冰地对待他。他终于受不了了："妈、姐，我错了……"

3. 毫无表情的沉默能让人深思

有些人发表意见时态度很积极，但不免有些偏颇，令人难以接受；若直截了当地驳回，易挫伤其积极性，若循循善诱又费时，精力也不允许，最好的办法便是毫无表情的沉默。他说什么，你尽管听，"嗯""啊"……什么也不说，等他说够了，告辞了，再用适当的不带任何观点的中性词和他告别："好吧！"或"你再想想。"别的什么也不用说。这样，他回去后定然要竭思尽虑：今天谈得对不对？对方为什么不表态？错在哪里？也许他会向别人请教，或许自己就会悟出原因。

4. 转移话题的沉默能使人乐而忘求

对要回答的问题保持沉默，而选准时机谈大家都喜欢的热门话题，使对方无法插入自己的话题，此人就会从谈话中悟出道理，检讨自己。

5. 信心坚定的沉默能使人顺服

某领导有一次交代属下办一件较困难的任务,当然,他能胜任。交代之后,对方讲起了"价钱"。于是该领导义无反顾地保持沉默,连哼也不哼。"困难如何大……""条件如何差……""时间如何紧……",说着说着他就不说了。最后说了一句:"好的,我一定能完成。"

沉默是金,有时沉默不语能够出奇制胜,有时滔滔不绝,反而有理说不清。

看准机会再说话

孔子在《论语·季氏》里说:"言未及之而言谓之躁,言及之而不言谓之隐,不见颜色而言谓之瞽。"这句话有3层意思:

一是不该说话的时候说了,叫作急躁;

二是应该说话的时候却不说,叫作隐瞒;

三是不看对方的脸色变化,贸然信口开河,叫作闭着眼睛瞎说。

这3种毛病都是没有把握说话的时机,没有注意说话的策略和技巧。因为说话是双方的交流,不是一个人的单方面行为,它要受到诸如说话对象、设定时间、周边环境等种种限制,所以说话要把握时机。如果该说的时候不说,时境转瞬即逝,便失去了成功的机会。同样地,如不顾说话对象的心态,不注意周边的环境气氛,不到说话的火候却急于抢着说,很可能引起对方的误解,甚至反感。如果信口开河,乱说一通,后果就更加严重。

把握说话时机非常重要，这个过程需要充分的耐心，也需要积极进行准备，等待条件成熟，但绝不是坐视不动。《淮南子·道应》云："事者应变而动，变生于时，故知时者无常行。"安陵君的过人之处，便在于他有充分的耐心，等待楚王欢欣而又伤感的那个时刻。此时，动情表白，感人肺腑，愉悦君心，终于受封，保住了长久的荣华富贵。

插话要找准时机

在别人说话时，我们不能只听到一半或只听一句就装出自己明白的样子。我们提倡在听别人说话时，要不时做出反应，如附和几句"是的"等话语，这样既让说者知道你在听他说，又让他感觉你在尊重他，使他对你产生浓厚的兴趣。

但是，万事都有所忌，都要把握分寸。许多人过分相信自己的理解和判断能力，往往不等别人把话说完就中途插嘴，这种急躁的态度很容易造成损失，不仅容易弄错了对方说话的意图，还有失礼貌。当然，在别人说话时一言不发也不好，对方说到关键的时刻，说完后，你若只看着对方，而不说话，对方会感到很尴尬，他会以为没有说清楚而继续说下去。

还有不少人在倾听别人说话时表现出唯唯诺诺的样子，哼哼哈哈，好像什么都听进去了，可等到别人说完，他却又问道："很抱歉，你刚才说了什么？"这种态度，对说话者来说是有失礼节的事。

所以说，即使你真的没听懂，或听漏了一两句，也千万别在对方说话途中突然提出问题，必须等到他把话说完，再提出："很抱歉！刚才中间有一两句你说的是……吗?"如果你是在对方谈话中间打断，问："等等，你刚才这句话能不能再重复一遍?"这样，会使对方有一种受到命令或指示的感觉，显然，对方对你的印象就没那么好了。

听人说话，务必有始有终。但是能做到这一点的人并不多。有些人往往因为疑惑对方所讲的内容，便脱口而出："这话不太好吧!"或因不满意对方的意见而提出自己的见解，甚至当对方有些停顿时，抢着说："你要说的是不是这样……"这时，由于你的插话，很可能打断了他的思路，使他忘了要讲些什么。

人人都有这样的经验：有时，同某人在一起，说话很愉快；有时同某人在一起，感到很烦，本来很感兴趣的话题却不想谈下去。究其原因，主要是因为对方说话不讨人喜欢，该问的问，不该问的也问，所以让我们觉得厌烦。说话要讲究轻重、曲直，更要有个眼力见儿，知道哪些话该说哪些不该说，哪些该问哪些不该问。

问题是展开话题的钥匙。所以说话有眼力见儿就要做到问话要讨人喜欢。

有些问题，当你得不到满意的答复时，是可以继续问下去的，但有一些问题就不宜再问。

比方说你问对方住在哪里，他如果只说地区而不说具体地址，你就不宜再问在几路几号。如果他愿意让你知道的话，他一定会自动详细说明的，而且还会补充上一句，邀请你去坐坐，否则便是不想让别人知道，你也不必再追问了。举一反三，其他诸如此类的问题，如年龄、收入等也一样不宜追问，以免引起对方不快。

不可问对方同行的营业情况。同行相忌，这是一般人的毛病。

因为他回答你时，若不是对其同行过于谦逊的赞扬，便是恶意的诋毁。在一个人面前提及另外一个和他站在对立地位的人或物总是不明智的。

此外，在日常交际中，不可问及别人衣饰的价钱；不可问女子的年龄（除非她是6岁或60岁左右的时候）；不可问别人的收入；不可详问别人的家世；不可问别人用钱的方法；不可问别人工作的秘密，如化学品的制造方法，等等。

凡别人不知道或不愿意让人知道的事情都应避免询问。问话的目的在于引起双方的兴趣，而不是使任何一方没趣。若能让答者起劲，同时也能增加你的见识，那是使用问话的最高本领。

一位社交家说："倘若我不能在任何一个见面的人那里学到一点东西，那就是我处世的失败。"

这句话很发人深省，因为虚怀若谷的人，往往是受人欢迎的。记住，问话不仅能打开对方的话匣，而且你可以从中增益学问。

委婉含蓄篇

——曲径通幽,直言曲说的口才艺术

幽默拒绝很管用

用幽默的方法拒绝别人,既可以缓解紧张的氛围,又不会影响彼此的友谊。

玛丽抱怨她的丈夫说:"你看邻居W先生,每次出门都要吻他的妻子,你就不能做到这一点吗?"丈夫说:"当然可以,不过我目前跟W太太还不太熟。"

玛丽的本意是要她的丈夫在每次出门前吻自己,而丈夫却有意地曲解为让他吻W太太,委婉地表达了自己不愿意那样做的本意。

直接拒绝别人很容易伤害对方,甚至造成许多误解,破坏彼此间的友谊。但是,利用幽默,巧妙拒绝,却能使很多问题迎刃而解。

有位员工代表向老板谈加薪的问题,并使出了眼泪战术,苦苦哀求道:"老板,请你一定要帮帮忙,现在这点薪水我实在无法和我太太继续在一起生活下去呀!"上司回答说:"好吧!那么我会出面来说服你太太,要她跟你离婚的。"

在工作当中,如果不懂得拒绝的技巧,往往会吃亏上当。下面的例子很有借鉴意义。

大个子瑞克是一位被公司冷落的老主任。有一天，某部门经理拍着他的肩膀说："瑞克，你看是不是要早日把你的职位让给年轻人呢！"

"好啊！就这么办！"

"唉！你愿意？"

"是啊！不过俗话说，'鸟去不浊池'，所以我有一个请求，希望能让我把正在进行的工作彻底做好再走。"

"哦！这是理所当然的。不过，你那个工作预计什么时候可以完成呢？"

"我想，大概还要 10 年。"

在拒绝别人时，采用幽默的方式不但不会伤害到对方，而且还可以避免不必要的尴尬。

对领导要这样拒绝

当领导提出某种要求而属下又无法满足时，设法造成属下已尽全力的错觉，让领导自动放弃其要求，这也是一种好方法。

领导委托你做某事时，你要善加考虑，这件事自己是否能胜任？是否违背自己的良心？然后再做决定。

如果只是为了一时的情面，即使是无法做到的事也接受下来，这种人的心似乎太软。纵使是很照顾自己的领导委托你办事，但自觉实在是做不到，你就应该很明确地表明态度，说："对不起！我不能接受。"这才是真正有勇气的人。否则，你就会误大事。

如果你认为这是领导拜托你的事不便拒绝，或因拒绝了领导会使其不悦而接受下来，那么，此后你的处境就会很艰难。因畏惧领导报复而勉强答应，答应后又感到懊悔时，就太迟了。

领导所说的话有违道理，你可以断然地驳斥，这才是保护自己之道。假使领导欲强迫你接受无理的难题，这种领导便不可靠，你更不能接受。

尽管部下是隶属于领导的，但部下也有他独立的人格，不能什么事不分善恶是非都服从。倘若你的领导以往曾帮过你很多忙，而今他要委托你做无理或不恰当的事，你更应该毅然地拒绝，这对领导来说是好的，对自己也是负责的。

当然，拒绝领导的要求不是一件容易的事。谁都不敢因此而得罪领导。因为领导有可能掌握你一生的前程。然而，你知道一些拒绝领导的技巧，就能两全其美，既不得罪领导，又可以表明拒绝之意。不过要强调的是，这些技巧仅限于拒绝那些非合理要求。

当领导提出一件让你难以做到的事时，如果你直言答复做不到时，可能会有损领导颜面，这时，你不妨说出一件与此类似的事情，让领导自觉问题的难度而自动放弃这个要求。

当上司要求你做违法的事或违背良心的事时，你要平静地解释你对他的要求感到不安，你也可以坚定地对上司说："你可以解雇我，也可以放弃要求，因为我不能泄露这些资料。"如果你幸运，老板会自知理亏并知难而退；反之，你可能会授人以柄。但假若你不能坚持自身的价值观，不能坚持一定的准则，那只会迷失自己，最终会影响工作的成绩，以致断送自己的前途。

当上司器重你并将你连升两级，但那职务并不是你想从事的工作时,你可以表示要考虑几天,然后慢慢解释你为何不适合这工作,再给他一个两全其美的解决方法:"我很感激你的器重,但我正全心全意发展营销工作,我想为公司付出我的最佳潜能和技巧,集中建立顾客网络。"正面的讨论,可以使你被视为一个注重团体精神和有主见的人。

当领导提出某种要求而属下又无法满足时,设法造成属下已尽全力的错觉,让领导自动放弃其要求,这也是一种好方法。

比如,当领导提出不能满足的要求后,就可采取下列步骤先答复:"您的意见我懂了,请放心,我保证全力以赴去做。"过几天,再汇报:"这几天×××因急事出差,等下星期回来,我再立即报告他。"又过几天,再告诉领导:"您的要求我已转告×××了,他答应在公司会议上认真地讨论。"尽管事情最后不了了之,但你也会给领导留下好印象,因为你已尽力而为,领导也就不会再怪罪你了。

通常情况下,人们对自己提出的要求,总是念念不忘。但如果长时间得不到回音,就会认为对方不重视自己的问题,反感、不满由此而生。相反,即使不能满足领导要求,只要能做出些样子,对方就不会抱怨,甚至会对你心存感激,主动撤回已让你为难的要求。

你也可以利用群体掩饰自己说"不",这不失为一大妙招。

例如,你被领导要求做某一件事时,其实很想拒绝,可是又说不出来,这时候,你不妨拜托两位同事和你一起到领导那里去,这并非所谓的三人战术,而是依靠群体替你作为掩护来说"不"。

首先,商量好谁是赞成的那一方,谁是反对的那一方,然后在领导面前争论。等到争论一会儿后,你再出面含蓄地说"原来如此,那可能太牵强了",而靠向反对的那一方。

这样一来，你可以不必直接向领导说"不"，就能表明自己的态度。这种方法会给人"你们是经过激烈讨论后，绞尽脑汁才下结论"的印象，而包括领导在内的全体人士都不会有哪一方受到伤害的感觉，从而领导会很自然地自动放弃对你的命令。

对于超负荷工作的要求，你即使是力不能及，也不能马上面露难色。不妨先动起手来做，让事实来证明领导的要求是不可能达到的。

下面是发生在职场中的一件事情：

"小康，请你今晚把这一叠讲义抄一遍。"经理指着厚厚一叠稿纸对秘书小康说。小康听到此言，面对讲义，面露难色，说："这么多，抄得完吗？""抄不完吗？那请你另觅轻松的去处吧！"也许经理正在气头上，于是小康被"炒了鱿鱼"。

小康的被"炒"实在令人惋惜。像她这样生硬直接地拒绝上司的要求，给上司的感觉是她在对抗，不服从指示，因而扫了上司的威信，被"炒"也就难免了。其实，她可以处理得更灵活些。她不妨这样，立即搬过那一堆稿子埋头就抄起来，过一两个小时后，把抄好了的稿子交给经理，再委婉地表示自己的困难，那么经理肯定会很满足于自己说话的威力，并意识到自己的要求的不合理处，而延长时限。小康就不至于被解雇。

拒绝上司必须把握以下3点。

1. 要有充分的拒绝理由

首先设身处地，表明自己对这项工作的重视；然后再表明自己的遗憾，具体说明自己为什么不能接受。如说："我有件紧急工作，必须在这两天赶出来。"充足的理由、诚恳的态度一定能取得上司的理解。

2. 不可一味地拒绝

尽管你拒绝的理由冠冕堂皇，但是上司也许仍坚持非你不行。这时，你便不能一味地拒绝，否则，上司可能会以为你是在推脱，从而怀疑你的工作干劲和能力，以致失去对你的信任，在以后的工作中，会有意无意地使你与机会失之交臂。

3. 提出合理的接替方法

对上司所交代的事，你不能接受，又无法拒绝，这时，你可得仔细考虑，千万不可怒气冲天，拂袖而去。你可以与上司共商对策，或者说："既然这样，那么过两天，等我手头的工作告一段落，就开始做，你看怎么样。"你也可以向上司推荐一位能力相当的人，同时表示自己一定会去给他出点子，提建议。这样，你一定能进一步赢得上司的理解和信任，也会为你以后的工作、生活铺开一条平坦的大道，因为上司也是和你一样是个普普通通、有血有肉、有感情，也当过职员的人。

把握好以上要点，才能不让自己难堪，也不会失去上司的信任。

找一个人代替

假如你抽不开身，实事求是地讲清自己的困难，同时热心介绍能提供帮助的人。这样，对方不仅不会因为你的拒绝而失望、生气，反而会对你的关心、帮助表示感谢。

有一次,约翰的一位好朋友的孩子,4岁的毛毛,一手拿苹果,一手拿橘子,跑到约翰面前炫耀。约翰故意逗他说:"毛毛,伯伯的嘴好馋。你看,你是愿意把苹果给伯伯吃呢,还是愿意把橘子给伯伯吃?"他听了约翰的话,很快就出人意料地回答:"伯伯你快去,妈妈那里还有!"啊,这小家伙的回答真是绝了!他没有直截了当地拒绝,但让人无法从他那里捞到一点油水,因为他想到了一个替代方案来拒绝人。这个例子,显示了替代方案的妙用。他没有正面表示拒绝,你也没有得到任何东西,彼此既不伤和气,也不会丢什么面子。

这种方法就叫替代法,是以"我办不到,你去拜托某某比较好"的说法,来转移给他人的做法。工作中常常会有人来请你帮忙,而你又因为种种原因不想插手,你应该怎么谈呢?

"我对电脑没有办法,不过小王对电脑很熟,你去拜托他看看怎么样?"

"我对计算工作最头大了,小芸好像是簿记二级的,她应该可以做得来!"

像这样搬出一位在这方面能力比自己强的人,然后要对方去拜托他就行了。

不只能力的问题,像下面这个例子中的场合也能适用。

"我如果要做这件事,恐怕要花掉不少时间。小范好像说他今天工作分量不怎么多!"

只有在大家都知道那个人的确比较胜任时才能用这招。

这个办法有一个问题就是,可能会招致那个被你"转嫁"的人的怨恨。想拜托你的人一定会说:"是某某说请你帮忙比较好!"对方也就会知道是你干的好事。这么一来，那个人心里一定会想："可恶的家伙，竟然把讨厌的事推给我！"

尤其当需要帮忙的工作内容，是人人都不想做的事情的时候，惹来怨恨的可能性就愈高。所以，最好在多数人都知道"某某事情是某某最擅长的"，这样的场合才用此招。

当然，这一招不仅仅是可以用在工作中，还能用在日常生活中，假如你抽不开身，实事求是地讲清自己的困难，同时热心介绍能提供帮助的人。这样，对方不仅不会因为你的拒绝而失望、生气，反而会对你的关心、帮助表示感谢。

拒绝求爱这样说

如果爱你的人正是你所爱的人，被爱是一种幸福。但是，假如爱你的人并不是你的意中人，或者你一点也不喜欢他（她），你就不会感觉被爱是一种幸福了，你可能会产生反感甚至是痛苦，这份你并不需要的爱就成了你的精神负担。

别人爱你，向你求爱，他（她）并没有错；你不欢迎，你拒绝他（她）的爱，你也没错。最关键的是看你怎样拒绝。如果拒绝得恰到好处，对双方都是一种解脱，也可以免去许多麻烦；如果你不讲方式，不能恰到好处地拒绝别人的求爱，你就可能犯错误，不但伤害他人，说不定也会危害自己。

你也许曾经有过这样的左右为难，因为对方的条件实在让人爱不起来。但是，由于是你的上司介绍的，或者是上司的子女，使你在拒绝时产生了犹豫，虽然每次见面都会使你感到不舒服、不愉快，你一想到对方的身份、上司的威严，屡次想谢绝却又不好开口。有时候，也许你为了顾全对方的面子而难以开口说个"不"字，或者慑于对方的威严，你不知所措。你被这份多余的爱折磨得痛苦不堪，不知该如何去做。生活中处在这种矛盾中的人太多了。有些人遇到这些情况时不知该如何拒绝，因处理不当，造成了很不好的后果。

那么该如何巧妙而不失体面地拒绝求爱呢？

首先要做到直言相告，以免产生误会，这是非常必要的。

对自尊心较强的男性和羞涩心理较重的女性，适合委婉、间接地拒绝。因为有这类心理的人，往往是克服了极大的心理障碍，鼓足勇气才说出自己的感情，一旦遭到断然的拒绝，很容易感觉受伤害，甚至痛不欲生，或者采取极端的手段，以平衡自己的感情创伤。因此拒绝他们的爱，态度一定要真诚，言语也要十分小心。你可以告诉他（她）你的感受，让他（她）明白你只把他（她）当朋友，当同事或者当兄妹看待，你希望你们的关系能保持在这一层面上，你不愿意伤害他（她），也不会对别人说出你们的秘密。

你不妨说："我觉得我们的性格差异太大，恐怕不合适。"

"你是个可爱的女孩，许多人喜欢你，你一定会找到合适的人。"

"你是个很好的男人，我很尊重你，我们能永远做朋友吗？"

"我父母不希望我这么早谈恋爱，我不想伤他们的心。"

如果这些自尊和羞涩感都挺重的人没有直接示爱，只是用言行含蓄地暗示他们的感情，那么你也可以采取同样的办法，用暗含拒绝的语言，用适当的冷淡或疏远来让他（她）明白你的心思。

要记住，拒绝别人时千万不要直接指出或攻击对方的缺点或弱点，因为你觉得是缺点或弱点的东西，对他（她）自己来说也许并不认为是缺点。所以，不能以一种"对方不如自己"的优越感来拒绝对方。特别是一些条件优越的女青年，更不能认为别人求爱是"癞蛤蟆想吃天鹅肉"一推了之，或不屑一顾、态度生硬，让人难以接受。

不过，对于带有骚扰性的某些"求爱"方式，就不必手下留情，一定要果断出击。

如果你是一名美女，你难免会遇到"性骚扰"。随着开放程度的日益提高，许多女性走出家庭，与男子一样，在社会工作中担任着重要的角色，而且敢于展示自己的美，这就招来一些好色之徒，使他们有了非分之想。爱美之心人皆有之，但对美女的垂涎太过分，就成了"性骚扰"。女性遭到来自于男性的性骚扰，如果太过软弱，就会使好色之徒得寸进尺；如果义正词严怒目斥之，就可能陷入麻烦之中弄得自己不开心。比较聪明的办法是，以机智的讥讽言辞使其退却，这是一个两全其美的法子。

试看这位漂亮的少妇是如何抗拒性骚扰的。

一位生性风流的男子，看到了一个漂亮的少妇迎面走过来，便跟在她后面，寻找机会和她搭话，但因为不相识，不好开口。忽然瞥见她手上挎了个提包，于是找到了话题，他嬉皮笑脸地说："请问，您这漂亮的小提包是从哪儿买来的，我也想给我妻子买一个。"没想到这位少妇冷冷地说："你妻子有这种包会倒霉的。""为什么呀？"少妇幽默地回答说："因为不三不四的男人会以提包为借口找她的麻烦。"

这位少妇看穿了这个风流男子的意图，但没有揭穿他，而是接过男子的话头，以嘲讽而幽默、机智的言辞给了他当头一棒，这个男子见难以得手，只得灰溜溜地逃之夭夭了。

年轻漂亮的女性，单身独处，往往容易受到骚扰。

一位年轻美貌的女子独自坐在酒吧里，被一个油头粉面的青年男子瞧见了，于是他走过来主动搭话："您好，小姐，我能为您要一杯咖啡吗？""你要到舞厅去吗？"她喊道。"不，不，您搞错了。我只是说，我能不能为您要一杯咖啡？"青年男子说。

"你说现在就去吗？"她尖声叫道，比刚才更激动了。

青年男子被她彻底搞糊涂了，红着脸悄悄地走到一个角落坐下。这时几乎所有的人都把目光转向了他，愤慨地看着他。

过了一会儿，这个年轻女子走到他的桌子旁边。"真对不起，使你难堪了。"她说，"我只是想调查一下，看看他人对意外情况有什么异常反应。"

这位聪明女子的做法真让人叫绝，她故意装糊涂，大声叫嚷，引起别人注意，好色之徒只好灰溜溜地躲开了。

约会是男女开始真正意义上的恋爱的标志，所以，接受别人的约会请求也意味着接受别人的求爱。对于不愿意接受的示爱者，我们首先应该拒绝与其约会，不能因为一时心软而使对方误会，导致真正明确两人关系时牵扯不清，给对方造成更大的伤害。拒绝约会应该有"快刀斩乱麻"的魄力，因为这不仅仅代表对一次约会的推搪，而且暗示着自己对对方的爱情的谢绝，这就要求我们一方面要把握说话的分寸，不损害对方的感情，另一方面要表明心意，断绝对方再次邀请的念头。

找各种各样的借口来推搪约会，使对方体会到拒绝之意。

上课、加班、身体欠安、天气不好……这些都可以成为拒绝约会的好借口。在搬出这些借口的同时，可以有意地露出破绽，让对方从借口的不严密性中明白是在有意敷衍。此外，也可以以委婉的方式暗示自己确实不愿意与对方交往。总之，借口不能找得太严密、太合乎情理，不要让对方误认为是客观原因导致不能赴约，从而把约会的时间推至以后，令自己再次处于被动局面。

张京对同事小洁暗恋已久，这天，他终于鼓起勇气约小洁出来看电影。小洁也觉察到了张京的感情，无奈自己对他实在没有"触电"的感觉，于是对他说："真是对不起。这段时间我正在上夜大的电脑培训班，每天晚上都有课。上完夜大后又要准备英语的等级考试，实在没有看电影的空闲时间。要不，你找刘伟吧，你们哥俩不是常在一起讨论好莱坞的影片吗？"张京听了，只好悻悻而归，从此再也没向小洁提出过约会的请求。

看一场电影只需要一两个小时的时间，如果小洁愿意接受张京的话，怎么也能抽出点时间来赴约，而她的推辞却根本没有流露出任何的遗憾和改日赴约的愿望。想清楚了这一点，张京自然明白小洁的拒绝之意，只得收回自己的感情。

暗示已经有了意中人，使对方知难而退。

由于约会是恋爱的前奏，当对方刚刚提出约会，尚未表露爱意时，可以"先发制人"，间接说明已经心有所属。对方听了之后，明白自己希望渺茫，自然不敢强求，有时甚至会为了避免尴尬，还会找理由取消此次约会。

郭建对新来的同事孙红一见钟情，星期五下午下班前，他打电话给孙红："我听朋友说，这两天香山的枫叶红得最美，你有兴趣和我一起去看看吗？"孙红立刻明白了他的意思，于是笑着答道："哎呀，真是不巧。明天恰好我男朋友的妈妈过生日，我要赶着去拜寿，要不我们改天再叫几个朋友一起去吧？"郭建听了，心里凉了半截，只得敷衍道："那……那就以后再说吧！"

孙红以男朋友的母亲过生日为由，既推掉了郭建的邀请，又表明自己已"名花有主"，郭建只好识趣地知难而退，便不会再提出什么约会的邀请了。

无论如何，在爱情的历程中，当遇到不满意或不能接受的求爱时，最好采用恰当的语言，婉言拒绝，巧妙收场。

多说"不过"和"但是"

有时对方提出的要求有一定的合理性，但因条件的限制又无法予以满足。在这种情况下，拒绝的言辞可采用"先肯定后否定"的形式，使其精神上得到一些满足，以减少因拒绝而产生的不快和失望。例如，一家公司的经理对一家工厂的厂长说："我们两家搞联营，你看怎么样？"厂长回答："这个设想很不错，只是目前条件还没有成熟。"这样既拒绝了对方，又给自己留了后路。

对对方的请求最好避免一开口就说"不行",而是要表示理解、同情,然后再据实陈述无法接受的理由,获得对方的理解,自动放弃请求。

李刚和王静是大学同学,李刚这几年做生意虽说挣了些钱,但也有不少的外债。两人毕业后一直无来往,忽一日,王静向李刚提出借钱的请求。李刚很犯难,借吧,怕担风险;不借吧,同学一回,又不好拒绝。思忖再三,最后李刚说:"你在困难时找到我,是信任我、瞧得起我,但不巧的是我刚刚买了房子,手头一时没有积蓄,你先等几天,等我过几天账结回来,一定借给你。"

先扬后抑这种方法也可以说成是一种"先承后转"的方法,这也是一种力求避免正面表述,而采用间接拒绝他人的一种方法。先用肯定的口气去赞赏别人的一些想法和要求,然后再来表达你需要拒绝的原因,这样你就不会直接地去伤害对方的感情和积极性了,而且还能够使对方更容易接受你,同时也为自己留下一条退路。一般情况来说,你还可以采用下面一些话来表达你的意见:"这真的是一个好主意,只可惜由于……我们不能马上采用它,等情况好了再说吧";"我知道你是一个体谅朋友的人,你如果对我不信任,认为我没有能力做好这件事,那么你是不会找我的,但是我实在忙不过来了,下次如果有什么事情我一定会尽我的全力来支持你",等等。

有的时候对方可能会很急于事成而相求,但是你确实又没有时间,没有办法帮助他的时候,一定要考虑到对方的实际情况和他当时的心情,一定要避免使对方恼羞成怒,以免造成误会。

某学校里有一个艺术团的小提琴手叫小玲,她经常参加一些大型的演出活动。一次,一位朋友对她说:"我也很喜欢你的演奏,很想到剧院现场欣赏你演奏小提琴,可惜售票处的票已经卖光了。"小玲手头也没有票,又不愿意在演出前为一张票劳神,这样会影响发挥,不想答应他的要求。但是,这时她并没有直接地拒绝他的话,她只是先承后转,然后才把拒绝间接化了。她平静地对朋友说:"遗憾得很,我手上也没有票了。不过,在大厅里我有一个座位,如果你高兴可以……"朋友非常高兴地问道:"在哪里呀?"小玲答道:"不难找,就在小提琴后面。"

小玲的先承后转法显得更为含蓄、间接。我们在采取各种拒绝法时,其目的也就是为了避免直接。

拒绝还可以从感情上先表示同情,然后再表明无能为力。

黄女士在民航售票处担任售票工作,由于经济的发展,乘坐飞机的旅客与日俱增,黄女士时常要拒绝很多旅客的订票要求。黄女士每每总是带着非常同情的心情对旅客说:"我知道你们非常需要坐飞机,从感情上说我也十分愿意为你们效劳,使你们如愿以偿,但票已订完了,实在无能为力。欢迎你们下次再来乘坐我们的飞机。"黄女士的一番话叫旅客再也提不出意见来。

贬低自我让对方知难而退

有很多既没有什么实际意义又浪费时间与精力的活动,我们要对它进行拒绝,可以采取自我贬低的方法。

"自我贬低"是一种特殊形式，表示自己无能为力，不愿做不想做的事。也就是说："我办不到！所以不想做！"

根据心理学的调查发现，人们的确有在日常生活中自我贬低的现象。例如，在上班族中，有12%的人曾对上司装过傻，而14%的人对同事装过傻。虽然它跟"楚楚可怜"法一样，会导致别人对自己的评价降低，但令人惊讶的是，仍有一成以上的人是在自己有意识的情况下用了这个办法。

上班族会用到"自我贬低法"的场合有以下3种。

第一，遇到不想做的事。例如，像是打杂般的工作、很花时间的工作或单调的工作等；还有像公司运动会之类，筹办公司内部活动也是其中之一。像这些情形便有不少人会用"我不会呀"或"我对这方面不擅长"等理由，来把不想做的事巧妙地推掉。

第二，拒绝他人的请求。当别人找上你，希望你能帮他的忙时，你很难直接说："不！"因此便以"我很想帮你，可是我自己也没有那个能力"的态度来婉转拒绝。拒绝别人时，很难直接以"我不愿意"这种态度来拒绝，而且如果拒绝不恰当还可能会让对方怀恨在心。因此，若是用没有能力，也就是自己无法控制的原因来拒绝（想帮你，可是帮不了）的话，拒绝起来便容易多了。

第三，想降低对自己的期望值。一个人若能得到他人的高度期待固然值得高兴，但压力也会随之而来。因为万一失败，受到高度期待的人带给其他人的冲击性会更大。因此，借由表现出自己的无能来降低期望值，万一将来失败，自己的评价也不会下降得太多；相反，如果成功，反而会得到预期之外的肯定。

根据工作的内容，"无能"的内容也应有所不同。例如：

别人要求你处理电脑文书资料时——

"电脑我用不好,光一页我就要打一个小时,说不定还会把重要的资料弄丢!"

别人要求你做账簿时——

"我最怕计算了,看到数字我就头痛!"

不过,所表明的"无能"的理由不具真实性,那可就行不通。例如,刚才要求处理电脑资料的例子,如果是在电脑公司,说这种话谁信!后面那个例子,如果发生在银行,也绝对会显得很突兀。平常很少接触到的工作,说这种话时,所获得的可信度就越大。所以要说"我没做过""我做得不好"这些话的时候,这些话一定要具有可信度才行。

"自我贬低"如果使用过度,很容易给人留下"无能""不可靠"的印象;而当自己反过来想求人帮忙时,被拒绝的概率也会大幅提高。因此要注意,绝对不要使用过度。

"自我贬低"使用时的第一重点就在于慎选使用的场合,也就是只在与自己的工作无关的地方使用。

举个极端的例子。如果一个跑业务的说:"我在别人面前讲话会很紧张!"以此拒绝参加公司的会议,那么这对他来说可是致命伤;但如果是做研究工作的人说这种话,那就另当别论,效果完全不同。要自我贬低时,切记:只用对自己不重要的部分来贬低自己。

第二个重点是,尽量避免招来"无能"或"不可靠"的负面印象。记住善用"如果是某某就没问题,但这件事我实在心有余而力不足"这句话。例如:

"对文字处理我还有办法,可是资料输入我真的不行!"

"公司旅行的账目我倒做过,但太复杂的东西我没自信能做好!"

这么说总比直接拒绝对方好,而且这种说法听起来比较具有真实性,也比较容易成功。

抬出"后台老板"

"不"字很难说出口,因此我们总是想方设法避免将这个"不"字说出口,取而代之的是许多费尽心机想出来的婉言曲说方式。其实很多时候也不用这么复杂,只需要抬出一个"后台老板",将责任归之于他,你便可以轻松说出"不"了。

一家公司的经理对一家工厂的车间顾问说:"我们两家搞联营,你看怎么样?"顾问回答说:"这个设想很不错,可是厂长已经决定跟先前一家厂搞联营了,这个我也没有办法。"

注意了,拒绝不是顾问的意思,问题已经全部归结到厂长那里了,厂长的决定,谁也改变不了,事情就这么简单。

抬出"后台老板",就是以别人的身份表示拒绝。这种方法看似推卸责任,但却很容易被人理解:既然爱莫能助,也就不便勉强。

有个女孩是个集邮爱好者,她的几个好朋友也是集邮迷。一天,有个朋友向她提出要换邮票,她不同意换,但又怕朋友不高兴,便对朋友说:"我也非常喜欢你的邮票,但我妈不同意我换。"其实她妈妈从没干涉过她换邮票的事,她只不过是以此为借口,但朋友听她这样一说,也就作罢了。

有时为了拒绝别人,可以含糊其辞地推脱:"对不起,这件事情我实在不能决定,我必须问问我的父母。"或者是:"让我和孩子商量商量,决定了再答复你吧。"

一位和善的主妇说,巧妙拒绝的艺术使她一次又一次地获得了宁静。每当推销员找上门来,她便彬彬有礼但却态度坚决地说:"我丈夫不让我在家门口买任何东西。"这样,推销员会因为被拒绝的并不仅是自己一个人而心理上得到了一点平衡,减少了被拒绝的不快。

人处在一个大的社会背景中,互相制约的因素很多,为什么不选择一个盾牌来挡一挡呢?例如,有人求你办事,假如你是领导成员之一,你可以说,我们单位是集体领导,像刚才的事,需要大家讨论才能决定。不过,这件事恐怕很难通过,最好还是别抱什么希望。如果你实在要坚持的话,待大家讨论后再说,我个人说了不算数。这就是推脱之辞,把矛盾引向了另外的地方,意思是我不是不给你办,而是我决定不了。求人办事者听到这样的话一般都要打退堂鼓。

一个年轻的物资销售员经常与客户在酒桌上打交道,他觉得自己的身体每况愈下,已不能再像以前那样喝太多的酒了,可应酬中又是免不了要喝酒的,怎么办呢?后来他想到一个妙计。每当客户劝他多喝点的时候,他便诙谐地说:"诸位仁兄还不知道吧,我家里那位可是一个母老虎,我这么酒气熏天地回去,万一她河东狮吼起来,我还不得跪搓衣板啊?"

他这么一说,客户觉得他既诚恳又可爱,自然就不再多劝了。

每个人在必要时都可以抬出甚至虚构出一个"后台老板",把自己的意愿通过这位"后台老板"表达出来,适当放低自己的位置,便能直言拒绝。这样拒绝的效果很好,而且不会得罪人,即使得罪,责任也到了"后台老板"那里了。

批评时应遵守的原则

批评者如果能够遵循批评的基本原则,那么他的批评将会更容易被对方所接受。

世上没有十全十美的人,每个人都有可能会犯错。有的人会忍不住大发雷霆,严厉斥责犯错的人。然而在一阵狂风暴雨之后,你可能会沮丧地发现,你的"善意"并没有被对方所接受。倘若,我们给批评裹上"糖衣",也许批评会更容易为人所接受。

一天中午,钢铁厂厂长查理·夏布偶然走进厂里,撞见几个工人正在吸烟,而在那些工人头顶的墙上正悬着"禁止吸烟"的牌子。

夏布没有直接地批评工人。他走到那些工人面前,拿出烟盒,给他们每人一支雪茄,然后请他们到外边抽。

那些工人知道自己已违反了规定,可是夏布先生不但没有责备他们,还给他们每人一支雪茄,工人们很高兴,以后再也没有在厂里吸烟了。

其实,批评不一定要用尖刻的言语,有时"温柔细语"更能起劝说、评批所要的效果。

在生活和工作中，批评是必不可少的，因为缺点每个人都有，只有认识到自己的缺点并加以改正，才有可能获得进步。这就是批评的价值所在。

但是，在批评时，一定要讲究方式、方法。否则难以达到预期效果。那么，批评需要遵循哪些原则呢？

1. 体谅对方的情绪

开门见山地批评他人显得有点残酷，会给对方的心理蒙上一层阴影。所以，当你在批评他人时，不妨设身处地地站在对方的立场考虑一下，自己是否能接受得了这种批评。如果批评的话自己听来都有些生硬，那么就该检讨一下自己的措辞。

另外，也要考虑批评的场合。不注意场合的批评，任何人都很难接受。

2. 诚恳而友好的态度

批评是一个敏感的话题，哪怕是轻微的批评，都不会使人感到舒畅，而且，批评者此时会显得很挑剔。所以，如果批评者态度不诚恳，居高临下，反而会引发矛盾，使对方产生对立情绪。

因此，批评必须注意态度，诚恳而友好的态度往往能使摩擦减少，使批评达到预期效果。

3. 只说眼前，不提过去

批评应该站在如何解决当前问题、将来如何改进的立场上进行。这样的批评才是理想、得当的。

4. 批评时一对一，莫让他人听到

批评时若有他人在场，被批评者会有屈辱感，由此心生反感，找理由辩解，而无心自省。因此，如果不到万不得已，不要当众批评他人。

批评别人时要给对方台阶下

装作不理解对方尴尬举动的真实含义，故意给对方找一个善意的行为动机，给对方铺一个台阶下。

当批评别人的时候，对方可能会有下不来台的时候。这个时候如果能巧妙地给人台阶下，就可以为对方挽回面子，缓和紧张难堪的气氛，使事情能顺利进行。要达到这样的目的，就应该学会使用下列的技巧，在批评别人时给对方台阶下。

1. 给对方寻找一个善意的动机

装作不理解对方尴尬举动的真实含义，故意给对方找一个善意的行为动机，给对方铺一个台阶下。

有一位老师曾经讲过这样一个故事：

一天中午，他路过学校后操场时，发现前两天帮助搬运实验器材的几位同学正拿着一个实验室特有的凸透镜在阳光下做"聚焦"实验。当时那位老师就想：他们哪来的透镜？难道是在搬器材时趁人不备拿了一个？实验室正丢了一枚。是上去问个究竟还是视而不见绕道而去？为难之时，同学们发现了那位老师，从同学们慌忙的神情中老师肯定了自己的判断。当时的空气就像凝固了似的，但是这位老师很快想出了一个妙方，他笑着说："哟，这透镜找到了！谢谢你们！昨天我到实验室准备实验，发现少了一个透镜，我想大概是搬器材过程中丢失了，我沿途找了好几遍都未能找到，谢谢你们帮我找到了这个透镜。这样吧，你们继续实验，下午还给我也不迟。"同学们轻松地点了点头，一场尴尬就这样被轻松解决了。

这位老师采用了故意曲解的方法，装作不懂学生的真实意图，反装作是他们帮助自己找到了透镜，将责怪化成了感激，自然令学生在摆脱尴尬的同时又羞愧不已。

2. 顺势而为

依据当时当场的势态，将对方的尴尬之举加以巧妙解释，使原本只有消极意味的事件转而具有积极的含义。

有一次，县教委的一些同志来学校听课，校长安排1班的李老师讲课，这下可使李老师犯难了。他既怕课讲得不好，又忧虑有的学生答问题时成绩不佳，有失面子。课堂上，他重点讲解了词的感情色彩问题。在提问了两位同学取得良好效果后，接着提问县教委一位领导的孩子："请你说出一个形容×××的美丽的词或句子。"

或许是课堂气氛紧张，或许是严父在场，也可能兼而有之，这名同学一时为难，只是站着。

李老师和那位领导都显出了尴尬的脸色。瞬间，这位老师便恢复正常，随机应变地讲道："好，请你坐下，同学们，××同学的答案是最完美的，他的意思是说这个人的美丽是无法用文字和语言来形容的。"

这一妙解为县教委领导孩子尴尬的"呆立"赋予了积极的意义，使他顺利下了台阶，而李老师本人和那位领导本人也自然就摆脱了难堪。

3. 委过于不在现场的第三者

故意将对方的责任归于不在现场的他人，主动地为对方寻找遮掩不妥行为的借口。

一位女顾客在某商场为丈夫购买了一套西服，回家穿后，丈夫有点不大喜欢这种颜色。于是，她急忙将西服包好，干洗后拿商店去退货。面对服务员，她说那件衣服绝没穿过。

服务员检查衣服时，发现了衣服有干洗的痕迹。机敏的服务员并没有当场找出证据来拆穿她，因为服务员懂得一旦那样做，顾客会为了顾及自己的面子而死不承认的。这位服务员就为顾客找了一个台阶。她微笑着说："夫人，我想是不是您家的哪位搞错了，把衣服送到洗衣店去了？我自己前不久也发生过这类事，我把买的新衣服和其他衣服放在一起，结果我丈夫把新衣服送去洗了。我想，您大概是否也碰到了这种事情，因为这衣服确实有洗过的痕迹。"

这位女顾客知道自己错了，并且意识到服务员给了她台阶下，于是不好意思地拿起衣服，离开了商场。

4. 将尴尬的事情严肃化

故意以严肃的态度面对对方的尴尬举动，消除其中的可笑意味，缓解对方的紧张心理。

第二次世界大战时，一位德高望重的英国将军举办了一场祝捷酒会。除上层人士之外，将军还特意邀请了一批作战勇敢的士兵，酒会自然是热烈而隆重。没料想，一位从乡下入伍的士兵不懂酒席上的一些规矩，捧着面前的一碗供洗手用的水喝了，顿时引来达官贵人、夫人小姐的一片讥笑声。那士兵一下子面红耳赤，无地自容。此时，将军慢慢地站起来，端着自己面前的那碗洗手水，面向全场贵宾，充满激情地说道："我提议，为我们这些英勇杀敌，拼死为国的士兵们干了这一碗。"言罢，一饮而尽，全场为之肃然，少顷，人人均仰脖而干。此时，士兵们已是泪流满面。

在这个故事里，将军为了帮助自己的士兵摆脱窘境，恢复酒会的气氛，采用了将可笑事件严肃化的办法，不但不讥笑士兵的尴尬举动，而且将该举动定性为向杀敌英雄致敬的严肃行为。乡下士兵不但尴尬一扫而尽，而且获得了莫大的荣誉，成为酒会的焦点人物。

批评孩子的同时还需要对其正确引导

冲突本身并不可怕，关键在于如何正视冲突，并合理地处理和化解冲突。

随着社会的发展，人们的价值观、世界观发生了巨大的变化，父母与孩子之间由于生活在不同的时代而产生了基本价值观的差异，比如，孩子嫌父母循规蹈矩，父母抱怨儿女不踏实、太新潮……

孩子与父母之间的这种冲突是孩子成长过程中必经的关口。冲突本身并不可怕，关键在于如何正视冲突，并合理处理和化解冲突。

有时候，林女士会羡慕别的家庭，他们的孩子怎么就能和父母无话不谈？甚至恋爱的秘密也一起分享。但她女儿灿灿最爱说的就是："妈妈你别管了，我自己会处理。"

林女士第一次发现灿灿特有主见还是在中考时。

那时，灿灿已经被通知保送，直升本校重点高中。灿灿学习成绩一直很好，能保送就算是进了保险箱。但在此前，灿灿一直在考虑报考一所更好的学校。到底该如何选择？要知道，被保送已经是许多孩子梦寐以求的了。

那个月，这个话题一直在林女士家的饭桌上讨论不休。如果放弃保送，万一考不上，对灿灿会不会是个沉重的打击？而且，即便那时再考上本校，还要多交一大笔学费。而且，本校会不会不愿意接收呢……他们尽可能倾听灿灿对学校的感受，和灿灿商讨各种可能性，并介绍自己在工作生活中的教训……其实，林女士和她丈夫心中早有定数：希望她还是接受保送。"但我们能替孩子做决定吗？谁又能保证她执行的效果？"于是他们告诉灿灿："这件事由你自己决定。"

其实，女儿非常认真地听取了她们的意见。林女士心里也在打鼓："我和丈夫应该支持孩子在事关前途的问题上冒险吗？"

终于有一天，女儿回家后淡淡地说："爸，妈，我今天对老师说，我放弃保送名额了。"

一瞬间的震惊。林女士和丈夫迅速对视一眼，马上表示："那就这样吧！"再没多说什么。可是回到卧室，她和丈夫谈到深夜，心中不知是惊喜还是担忧。没想到孩子这么小就有了决断力和对自己负责的态度，她既然愿意逼自己一下，不管结果如何他们都接受。

几个月过去了，孩子还是以几分之差落回了本校。之后半年多的时间，孩子经历了期望值的失落、对学校的不满意和与其他同学比较后的失衡。看着她烦躁的神情，林女士的担心真是难以形容。

就在那时候，林女士常常用自己的经历来给女儿"打气"。她给灿灿讲述她18岁离家插队时，单纯、胆怯、对社会一无所知，十多年来，面对艰难困苦的生活，她和丈夫是如何熬过来的，如何靠着自己的奋斗走出困境。她对灿灿说："我跟爸爸现在拥有大部分好的经验、能力也都是在不断的失败中得来的，经历点挫折也不是坏事，这是成长中一次重要的心理考验，别人无法替代。只有依靠自己不断地打拼、锻炼才能取得成功。"林女士丈夫一直都在灿灿的身边默默地支持她。后来，灿灿逐渐从失败的阴影中走出来，并考上了北京著名的高等学府。

其实，独立是孩子成长的需要，处于青春期的个体具有明显的独立性和成人感心理。若父母对这些"准大人"仍采取强权态度，喜欢命令孩子，不但没有效果，反而会增加孩子的抵触情绪，加大父母与孩子之间的代沟。假如父母能认识到这是孩子个性的表现，抱着理解、尊重和正确引导的态度去面对，那么两代人之间的代沟自然容易消除。

以柔克刚，正话反说吐逆耳忠言

很多谈话高手在批评别人时，都会选择一种委婉的方式。

人们总是认为：口才好的人总能在交际中左右逢源，随机应变。而语讷的人常常会感到自惭形秽，认为自己不善于交际，对人际交往失去信心。其实在社会交往中，如何把话说得恰到好处才是成败的关键。

俗话说:"良药苦口利于病,忠言逆耳利于行。"我们要把话说得恰到好处,那么为何不用顺耳的忠言、温柔的言语来化解矛盾呢?试想一下,公园里草地上竖立的牌子,有的写着:"小草默默含羞笑,来往游客莫打扰""百花迎得嘉宾来,请君切莫用手摘",有的则用诸如"禁止""罚款"等字眼。哪一种更能博得游人的喜爱,使花草得到爱护,这是一目了然的。

不论是工作还是生活中,一个人的能力毕竟是有限的,不可能把任何事情都做到十全十美,时常犯一些错误是在所难免的,同学之间、同事之间,如果真诚地提出善意的批评,对于双方都是有益的。对于他人的任何批评和帮助,我们要满怀诚意,虚心接受。但是,既然是批评,语言可能会尖锐一些,语气也会严厉一些,忠言逆耳或者顺耳,批评能否被接受,这取决于批评者说话的方式方法。

某领导发现秘书写的总结有不妥之处。他是这样批评秘书的:"小张,这份总结总的来说写得不错,思路清楚,重点突出,有几处写得很有见地,看来你下了功夫。只是有几个地方提法不妥,有点言过其实,有的地方尚缺定量分析,麻烦你再修改一下。你的文笔不错,过去几次写总结也是越修改越好,相信你这次也一定能改出一个好总结来。"

这样说,秘书会感到领导对自己很公正、很器重,充满期望和信任,因而就会很卖力地把总结改好了。

人活一张脸,树活一张皮。一个人的自尊是最宝贵的也是最脆弱的。很多谈话高手在批评别人时，都会选择一种委婉的方式。聪明人总是在发现对方的不足时，想办法找个机会私底下向他透露，而且批评也是较为含蓄的，甚至他会将批评隐藏在玩笑中，这样就能让对方很容易地接受建议了。

把握好说话的分寸，不可太露骨

当我们发现对方行为有所缺失时，不必说得太露骨，稍微暗示一下对方，或者旁敲侧击的提醒，对方通常能够明白你的意思，还会对你的善意规劝表示好感。

事情有缓急，说话有轻重。有些人在日常交际中，考虑问题缺乏理智，不计后果，说话没轻没重，以致说了一些既伤害他人、也不利自己的话。其实，把话说得有轻有重，并非人们想象的那么难。只要将心比心，把对别人说的话放在对自己说的位置上想一想，就知道我们所说的话有多少分量了。

说话轻重，通常出现在规劝或批评对方的情况中，所以掌握好轻重的比例，是非常重要的。谁都知道"人非圣贤，孰能无过"。

宋朝益州的张咏，听说寇准当上了宰相，对其部下说："寇公奇才，惜学术不足尔。"张咏与寇准是多年的至交，他很想找个机会劝劝老朋友多读些书。

恰巧时隔不久，寇准因事来到陕西，刚刚卸任的张咏也从成都来到这里。老友相会，格外高兴。临分手时，寇准问张咏："何以教准？"张咏对此早已有所考虑，正想趁机劝寇公多读书。可是仔细一琢磨，寇准已是堂堂宰相，居一人之下，万人之上，怎么好直截了当地说他没学问呢？

张咏略微沉吟了一下，慢条斯理地说了一句："《霍光传》不可不读。"回到相府，寇准赶紧找出《汉书·霍光传》，从头仔细阅读，当他读到"光不学无术，阁于大理"时，恍然大悟，自言自语地说："此张公谓我矣！"是啊，当年霍光任过大司马、大将军要职，地位相当于宋朝的宰相，他辅佐汉朝立下大功，但是居功自傲，不好学习，不明事理。这与寇准有某些相似之处。因而寇准读了《霍光传》，明白了张咏的用意。

虽然张咏与寇准过去是至交，但如今寇准位居宰相，直截了当地说不一定合适。在这种情况下，张咏的一句赠言："《霍光传》不可不读。"可以说是绝妙的。别小看这一句话，其实它能胜过千言万语。而张咏通过让寇准去读《霍光传》这个委婉的方式，使寇准愉快地接受了自己的建议。

那些熟谙暗示手段提醒别人的人，通常能将自己善意的评价和论断很好地传达给对方，其结果通常使评价方和被评价方获得双赢。虽然人人皆知直言不讳是耿直的表现，但是物极必反，有时候态度越强硬，越达不到你想要的效果。最为高明的手段是根本不提"批评"二字，而是逐渐"敲醒"听者，启发他自我反省。

奉劝别人的话并不是随口说出来的，我们必须思考应该以什么样的方式把它说出来而不会让对方难堪。对于那些有自知之明的人，最好采用暗示的方式，因为这样做就可以达到劝说的目的了，无须再把话挑明，反而多加一层伤害。

摆脱尴尬篇

——遇事莫慌,妙语化解

主动,"开涮法"解决冷场时

许多场合中,由于个人的性格腼腆,或者彼此之间不够了解,而无法拥有共同的话题,使交往中出现了"冷场"的情形。

交流中最尴尬的局面莫过于双方无话可说。无话可说有时候是因为一方对另一方说的话题根本不感兴趣,有时候是因为我们说的意思和对方的理解有偏差,有时候是因为我们缺乏在某些特殊情景下的沟通技巧,有时候也会因为你的说话触及了别人的"雷区",而造成别人的不愉快,导致交谈无法继续下去。无论是哪一种情况,都可能会让你焦虑。良好的沟通需要双方在适当的时候分别扮演起发送信息者和接收信息者的角色,就像跳探戈时需要两个人完美的配合。

"一个巴掌拍不响",交流中一旦出现冷场的局面,也需要两个人共同配合才能打破僵局。交流是两个人的事情,所以你不能指望对方为交流负起全部责任。因此,当出现冷场或者尴尬的时候,要沉着,寻找双方的共同话题,不能一味地等着对方来解决这种尴尬的局面。

雁翎曾经有过一次痛苦的爱情经历,她对那位男朋友爱得如醉如痴,可是,对方却脚踏几条船,最终,抛弃她跟别的女孩子浪漫去了。

一次,雁翎与第二位男朋友肖遥约会时,肖遥问她:"你对爱情中的普遍撒网，重点逮鱼，怎么看？"没想到他话一出口，雁翎不但没搭理他，脸色还变得很难看。肖遥知道他误入情人的"雷区"，赶紧补充道："啊，请别误会，我是说，我有一个讽刺对爱情不忠的故事献给你，故事是说有一个对太太不忠的男人，经常趁太太不在家把情妇带回家过夜，但又时常担心太太会发觉。所以，有一天晚上，他突然从梦中惊醒，慌忙推着身边的太太说：'快起来走吧，我太太回来了。'等他太太也从梦中清醒时，他一下子傻眼了。"还没等肖遥话音落下，雁翎已被他的幽默故事给逗得喜笑颜开。

在这里肖遥运用故事的形式首先转移了他俩谈话的方向，然后用幽默的感染力，淡化了他因说话不慎而给雁翎带来的不快情绪，从而巧妙地把可能出现的"冷场"给过渡过来，赢得了心上人的开心一笑。

巧妙应对咄咄逼人的话

在交往中，我们不可避免地会遇到咄咄逼人的谈话场景，谈话者一般是有备而来的，或是对自己的条件估计得比较充分，有信心战胜你。

当我们的对手提出重大问题，你却无法回答时，这种情况该怎么办？

（1）以退为进，假如对方的问话是你所必须回答的、不能推辞的，而又要对方跟着你的思路走，你可以装作退却。对方趁机逼过来，你把他带远了，让他完全进入了圈套，然后再回过头来对他进行反击。

（2）后发制人，这是使自己能站稳脚跟的最有效的办法，一般在对方到了已经不能自圆其说或对方已是山穷水尽的时候最有效果，因为对方总是有弱点的，只要我们抓住了，就能反攻了。

（3）针锋相对。即以对方同样的火力，向对方进攻，对方提什么问题，你就给予十分肯定或否定的回答，丝毫不让，不拖沓也不拖泥带水，使对方无理可寻、无懈可击。

（4）把球踢给对方。当对方的问题很难回答，问的角度很刁，你回答肯定、否定都可能出差错时，那就不要回答，把问题再还给对方，将对方一军。

（5）抓住一点，丝毫不让，迅速找到他谈话内容中的一个小漏洞，即使再微不足道也无所谓，可以把这一点无限扩大，使其不能再充分展开其他方面的进攻。

借他人之口转达歉意

工作生活中，我们时常都会犯一些过错，有的错误很小，对他人也不会造成什么严重的影响；有的错误虽然比较大，但是只是给他人造成一些无关痛痒的影响。当我们犯了以上这些错误时，我们只需要亲自向对方表达歉意即可。

可是，当过错严重、对方对你成见很深时，当面道歉肯定会被对方劈头盖脸地训斥一通，这时候对方只会发泄情绪，而难以接受道歉，所以最好通过第三者先转达自己的歉意，让对方先消消气，然后等对方心情稍微平静之后，再亲自道歉。

现实生活中,也不乏这样的情况,有些人明知自己错了,也想向对方表达歉意,然而由于自尊心太强,面子太薄,当面道歉难为情,或者双方因为其他的原因不便亲自对话,这时,就可以考虑巧妙地借用"媒介",让中间人为自己传达歉意,兴许还能收到当面道歉收不到的好效果。

巧借他人之口转达歉意,不仅可以保全致歉者的面子,对于接受道歉的人来说,当他了解了致歉者的良苦用心后,也可能会因为感动而不再生气。

使用这种技巧,有两个关键之处:一是选择合适的第三者,最好是对方的好朋友;二是你与第三者的交谈一定要恰到好处地表达歉意,并且让第三者明白你的良苦用心,只有这样,第三者才会替你转达歉意。

借他人之口转达歉意,这个第三者最好是双方都认识或者要好的朋友,也可以是领导。不论是朋友还是领导,道歉都要表现出你的诚意,如果你"犹抱琵琶半遮面",何谈一个"诚"字?也不要说推卸责任的话,如,"要不是因为……他(她)也就不会……"这样一味地强调客观原因,说得好像自己根本没错,那又何必道歉呢?

难以启齿的逐客令要讲得不动声色

朋友来访,促膝长谈,交流思想,增进友情是生活中的一大乐事,也是人生道路上的一大益事。宋朝著名词人张孝祥在跟友人夜谈后,忍不住发出了"谁知对床语,胜读十年书"的感叹。然而,现实中也会有与此截然相反的情形。下班后吃过饭,你希望静下心来读点书或做点事,那些不请自来的"好聊"分子又要扰得你心烦意乱了。他唠唠叨叨,没完没了,一再重复你毫无兴趣的话题,还越说越起劲。你勉强敷衍,焦急万分,极想对其下逐客令但又怕伤了感情,故而难以启齿。

但是,你"舍命陪君子",就将一事无成,因为你最宝贵的时间,正在白白地被别人占去了。鲁迅先生说:"无端地空耗别人的时间,无异于谋财害命。"任何一个懂得珍惜时间的人都不愿任人"谋财害命"。

那么,怎样对付这种说起来话没完没了的常客呢?最好的办法是:运用高超的语言技巧,把"逐客令"说得美妙动听,做到两全其美。要将"逐客令"下得有人情味,既不挫伤好说者的自尊心,又使其变得知趣。

例如,暗示滔滔不绝的客人,主人并没有多余的时间跟他闲聊胡扯,与冷酷无情的逐客令相比,下面的方法就更容易被对方接受。

"今天晚上我有空,咱们可以好好畅谈一番。不过,从明天开始我就要全力以赴写职评小结,争取这次能评上工程师。"含义是:请您从明天起就别再打扰我了。

"最近我妻子身体不好,吃过晚饭后就想睡觉。咱们是不是说话时小声一点?"这句话用商量的口气,却传递着十分明确的信息:你的高谈阔论妨碍女主人休息,还是请你少来光临为妙吧。

有时有些"嘴贫"的人对婉转的逐客令可能会意识不到。对这种人,可以用张贴字样的方法代替语言,让人一看就明白。影片《陈毅市长》里有一位著名的科学家,在自家客厅里的墙上贴上了"闲谈不得超过三分钟"的字样,以提醒来客:主人正在争分夺秒地搞科研，请闲聊者自重。看到这张字样，纯属"闲谈"的人，谁还会好意思喋喋不休地说下去呢？

根据具体情况，我们可以贴一些诸如"我家孩子即将参加高考，请勿大声喧哗""主人正在自学英语，请客人多加关照"等字样，制造出一种惜时如金的氛围，让爱闲聊者理解和注意。一般来说，字样是写给所有来客看的，并非针对某一位，所以不会令某位来客过于难堪。

谈吐有趣，在笑声中摆脱窘境

在日常生活中，常有人由于不慎而使我们身处窘境，或是向我们提一些过分的请求，或是问一些我们不好回答或暂时不知道答案的问题。此时，我们如果直接表明"不满意""不可能"或"无可奉告""不知道"，往往会给彼此带来不快。如果我们想从窘境中摆脱出来，不妨借用幽默的力量。

有一次，英国上议院议员里德在演讲将近结束时，听众都很认真望着他，都在倾耳听着每一个字，但就在这时候，突然有一个人的椅子腿断了，那个人摔倒在地上。如果这时做演讲的不是像里德这样灵巧的人，恐怕当时的局面会对演讲产生一种破坏性的影响。但是聪明的里德马上说："各位现在一定可以相信，我提出的理由足以压倒别人。"就这样，他立刻就恢复了听众的注意，而那个摔倒的人也在别人善意的笑声中，找到了一个新座位。

这个故事给予我们的启迪是：恰到好处的幽默能够使双方都从

窘迫的情形中脱身而出，里德就是依靠这一点化解了演讲中的尴尬局面。

如果我们面临不好回答的问题，而又不能以"无可奉告"进行简单的说明时，不妨找一个大家都能领悟的笑话来说，可以转移对方的视线。

1972年，在美苏最高级会谈前的一次记者招待会上，有人向基辛格提出了一个所谓的"程序性问题"："到时，你是打算点点滴滴地宣布呢，还是倾盆大雨地、成批地发表协定呢？"

基辛格沉着地回答："你们看，他要我们在倾盆大雨和点点滴滴之间任选一个，无论我们怎么办，总是坏透了。"他略微停顿了一下，接着，一字一句地说："我们打算点点滴滴地发表成批的声明。"在一片轻松的笑声之中，基辛格解答了这个棘手的问题。

生活离不开交流，交流必然会产生融洽与对立，一旦身处窘境，面对无礼要求或做不到的事情，就像站在悬崖上，前面是深渊后面是追兵。此时婉言拒绝或摆脱便成了我们必须精通的一种说话方式，而灵活的头脑和幽默的谈吐可以让我们突生翅膀，顺利飞跃到高处，摆脱进退维谷的境地。

遭遇尴尬时故说"痴"话

我们在不同的场合都会遭遇尴尬。尴尬的表现形式不一样，应对方式当然也有差别。用语言应对的一种很好方式，就是佯装不知，故说"痴"话,好像这种尴尬从来没有发生过一样。

一家星级宾馆招聘客房服务人员,经理给三位应聘者出了一道题目:

"假如你无意间把房间推开,看见女客一丝不挂地在沐浴,而她也看见你了,这时候你该怎么办?"

第一位答:"说声对不起,就关门退出。"

第二位答:"说声对不起,小姐,就关门退出。"

第三位答:"说声对不起,先生,就关门退出。"

结果第三位应聘者被录取了。

为什么呢?前两位的回答都让客人有了解不开的尴尬心结,唯有第三位的回答很巧妙。他妙就妙在假装没看清,故作痴呆,既保全了客人的面子,又使双方摆脱了尴尬。

还有一个例子:

小玲在一次聚会上第一次穿高跟鞋和超短裙,还化了比较浓的妆。朋友们见到她这样的打扮,一片惊呼,自然而然地,她成了聚会的焦点之一。但是年轻人聚会的一项必不可少的活动就是蹦迪。高跟鞋和超短裙肯定是不利于蹦迪的,何况小玲还是第一回穿呢。开始她不愿意下舞池,后来在朋友们的劝说之下勉强蹦了一会儿,谁知却出了问题,一只鞋跟折断了,短裙也不小心撑裂了,只好装作没事一样,一瘸一拐地回到了座位上。

一个女孩看见了,忙跑过来问她怎么回事,她回答说脚扭了。女孩关心地弯下腰去看。"啊,你的鞋跟断了哎。真的,怎么这么倒霉啊。哇,你的裙子怎么……好了别介意,大家都是朋友,谁都不会笑话你的,我也会给你保密的。你就在这儿坐着好了,待会儿结束了我陪你回家。"说着又下了舞池,小玲沮丧地坐在那里。

一曲终了,大家都下场来,一个男孩过来坐到小玲对面,小玲脸上红一阵白一阵,生怕被他发现了,赶忙说脚有点不舒服,说着把没有断跟的那只脚伸到了前面。男孩并不看她的"伤势",只是叫了两杯饮料,说:"蹦迪很累吧,你平时看起来挺文弱的,一定小心啊。这种激烈运动连我都浑身湿透,你肯定更累吧。以后多锻炼锻炼,再穿上今天这么漂亮的衣服,那效果肯定超棒!"

两个人聊了半天,男孩始终没有提起她的"伤"。其实他早就看到是怎么回事了,为了不让小玲太尴尬,装作不知道,让小玲长长地舒了一口气。

这位男孩就是巧妙运用了"佯装不知"的技巧,避免了尴尬。

在社交场合中,许多人遭遇尴尬以后,即使假装不在意,其实心里面还是会有个疙瘩,因为对每个人来说,面子都是非常重要的。所以,当别人遭遇尴尬时,有时候你的安慰可能只会让对方感觉更没有面子,这时,故作不知、说一句痴话,让当事人释怀才是最好的方法。

实话要巧说,坏话要好说

在生活中,人与人之间交流是避免不了的,同时说话的双方彼此都希望对方能对自己实话实说。但在某些特定的场合下,顾及面子、自尊，以及出于保密等需要，实话实说往往会令人尴尬、伤人自尊，因此，实话是要说的，但应该巧说。

两个人的意见产生了分歧，如果实话实说直接反驳，就有可能伤了和气。这时候就需要巧妙地表达自己的意见。

一次事故中，主管生产的副厂长老马左手指受了伤被送往医院治疗，厂长老丁来看望时，谈到了车间小吴和小齐两个年轻人技术水平较强，但组织纪律观念较差，想让他们下岗一事。老马当时没有表态，只是突然捧着手"哎哟哎哟"大叫。丁厂长忙问："疼了吧？"老马说："可不是，实在太疼了，干脆把手锯掉算了。"老丁一听忙说："老马，你是不是疼糊涂了，怎么手指受了伤就想把手给锯掉呢。"老马说："你说得很有道理，有时候，我们看问题，往往因注重了一方面而忽视了另一方面啊。老丁，我这手受了伤需要治疗，那小吴和小齐……"老丁一下子听出老马的"弦外之音"，忙说："老马，谢谢你开导我，小吴和小齐的事我知道该怎么处理了。"

老马用手受伤需要治疗类比人有缺点需要改正，进而巧妙地把用人和治病结合起来，既没因为直接反对老丁伤了和气，而且又维护了团结，成功地解决了问题。

说话是一门应当用心钻研的艺术，说实话需要语言的修饰，要巧妙地表达自己的意思，尤其是说一些"坏话"时，更要用心选择恰当的方式。

林肯当总统期间，有人向他引荐某人为阁员，因为林肯早就了解到此人品行不好，所以一直没有同意。

一次，朋友生气地问他，怎么到现在还没结果。林肯说，我不喜欢他那副"长相"。

朋友一惊，说道："什么！那你也未免太严厉了，'长相'是父母给的，也怨不得他呀！"

林肯说："不，若一个人超过四十岁就应该对他脸上那副长相负责了。"

朋友当即听出了林肯的话中话，再也没有说什么。

很显然，这里林肯所说的"长相"和他朋友所说的"长相"，根本不是一回事。林肯巧妙地利用词语的歧义性，引出了"这个人品行道德差，我不同意他做阁员"这句大实话，既维护了朋友的面子，又达到了自己的目的。

五招秘籍，打破与陌生人无话可说的尴尬

气质清新可人的文玲，眉宇间总透出淡淡的忧伤。为什么呢？原来她由于不习惯和陌生人相处，经常弄得自己和别人都很尴尬。

据了解，文玲从小就很内向，进入高中后，更是天天埋头学习，很少和同学交流；大学四年，她从不参加学校活动。今年7月，大学毕业后，她顺利地进入北京一家公司工作，但工作一个月后，公司就以业务能力不强为由将她辞退。她又来到北京某广告公司工作，但感到工作很吃力，干了不久又离开了。

踏入社会的两次努力都失败了，她变得越来越沮丧，于是天天把自己关在屋里，不见人也不愿和人说话，最后连见外人的勇气都没有了。

文玲的父母看到这种情况，非常着急，他们想尽各种办法开导她，还带她去看心理医生。在医生和父母的帮助下，她鼓起勇气带着微笑又参加了一次人才招聘会，幸运地被一家公司录用为职员。

此后，她信心大增，将微笑带入新的工作岗位。虽然她仍然不善言辞，可是这次大家都认为她是一个为人正直、作风正派、不轻浮、有涵养的女孩。不久之后，她也能和不熟悉的人自然相处了。

其实，社会中很多人都曾有过文玲这样的经历，总是不知道如何与陌生人交往，或者是在与他们相处时，不知道说些什么。

处于这种状态的人，在独处的时候，总是会突然想到："那天我很唐突地说了那样一句话，真是不该。"或者是："我当时怎么那么呆头呆脑的，真是破坏气氛啊。"并且为此而后悔不已。可是，世上没有后悔药可买，人们只好悔恨地提醒自己，下次不可以再犯。可是这样做的话，又经常弄得自己很紧张，更加惧怕与陌生人相处。

怎样避免这种尴尬呢？不要急，这里教你几招"秘籍"，只要你明白了个中诀窍，那么无论在职场上，在聚会中，还是在朋友身边，你都可以轻而易举地跨过人与人之间的心理栅栏，做个能说会道、善解人意的贴心可人儿。

（1）与陌生人相处时，只要你能发自内心地微笑，就能与他人架起一座沟通的桥梁。

（2）察言观色，最好能从细微之处入手，看能否找出对方感兴趣的话题。

（4）如果确实觉得自己拙于言辞，不妨先做一个友好的倾听者，让他们多说一点，而后可以适当地提出自己的疑问，一般对方都会很乐意为你解答的，这样就可以顺利地开启与陌生人之间的话题了。

（5）如被对方问及隐私，必须既要表现出诚实的一面，又要有技巧地回答某些尖锐的问题。

（6）在交流的过程中，要对对方的话做出及时的反应，切忌总是说一些令自己"死机"的话，这样才能提升对方的好感。

应对嫉妒，低调是最好的策略

生活中常出现这样的情况，比如准备了好长时间的计划书终于呈报老板了，在会议上各部门主管一致赞许，老板对你更加赏识。这时的你必然是春风得意，难掩喜悦之色，但在得意忘形之际，也许正是自埋炸弹之时。

因为自己的得意往往会招来他人的嫉妒。嫉妒是人的天性，对别人的得意视而不见的人毕竟是少数。也许有人会锦上添花地说："看来，老板就只信任你一个！""经理这个位置非你莫属了！""他日高升之后，千万别忘记我啊！""你的聪明才智，公司里无人能及！"之类话语，但切莫被这些话冲昏头脑，聪明的人必须是理智的，告诉他们："不要乱开玩笑啊，公司有很多人才呢。""我的意见只是一时灵感，没什么特别的！""我还有很多的东西要学。"

让别人嫉妒就等于无端树敌，那么，如何才能处理好这些关系，保护好自己呢？

保护自己的最好办法就是保持低调，要处处表现得虚心、容易满足。要与同事之间保持良好的关系。

为了达到目的，有些人勤于制造高帽，往"目标物"头上戴。职权大的你自然极易成为"目标物"，这时就应该保持低调的姿态，因为它可以让你保持清醒的头脑，才有利于做出正确的判断。

低调的姿态是获取他人好感所必要的，大多数人欣赏的是低调为人的人；低调为人可以避免小人的妒忌之心，避免闲言碎语；在低调为人的同时，不妨给自己定下更大的奋斗目标，保持始终拼搏的劲头，一步步迈向成功的目标与顶峰。

对无理取闹，不可针锋相对

张林和婆婆一直相依为命地住在老房子里，和楼下的林女士家也一直相安无事。在林女士的丈夫因车祸不幸去世后，林女士就莫名其妙地开始找张林家的麻烦，有事没事就跑到张林家大吵大闹，说她的丈夫是因为张林家太吵才死去的。到了晚上，林女士就用木棒使劲敲打自家的天花板，使得住在她楼上的张林和婆婆根本没有办法好好休息。张林本来对这些事情感到很气愤，准备去找林女士理论一番，可是一想到林女士刚死了丈夫，可能心情不好才会这样，所以张林也就忍了。但是，张林的忍让，并没有让林女士收敛，反而愈加变本加厉地制造麻烦。有一天，张婆婆要去市场买菜，下楼路过林女士家门口的时候，林女士突然拉住张婆婆，不让她过去。嘴里还说着骂骂咧咧的话！后来林女士推了张婆婆一把，使张婆婆跌倒受伤。邻居见到以后,都劝张林报警,因为林女士的所作所为,也对周围的人的生活造成了很大的影响。张林虽然十分生气,但是他不想把事情闹大闹僵,所以他去找林女士理论,告诉她不要再无理取闹了,如果再这样下去,他就会报警!经过这次以后,林女士也慢慢地收敛了她的行为。

在工作生活中,我们时常都会遇到像林女士这样无理取闹的人。他们总是有意无意地制造麻烦,时常让人有一种"秀才遇到兵,有理说不清"的感觉。面对他们的无理取闹,与之针锋相对,可能不会起到任何效果,反而会让其变本加厉。这时候保持风度是最好的选择。张林面对林女士的无理取闹,一直都保持着风度,因为考虑到林女士心里的痛苦,所以也就一直让着她。后来,张林也没有像邻居建议的那样选择报警,而是自己私下里去给林女士一个警告,保留了林女士的面子,因为一旦报警,林女士肯定是理亏的一方,还有可能会受到法律上的处罚。

一个有风度的人,在面对他人的无理取闹时,一举一动都体现着其智慧和修养,他的风度决定着他人格的高度。

话不投机时,不想尴尬快转弯

在我们日常与他人进行交流之时,因话不投机也往往会造成一些尴尬,令气氛紧张。话不投机有多种情况,第一种情况是,某种言谈举止使人为难,那就要及时转换话题,以缓和气氛。

两个青年去拜访老师，在谈话中提到：

"老师，听说您的夫人是教英语的，我们想请她指教，行吗？"

老师为难地沉默了片刻，说："那是我以前的爱人，前不久就分手了。"

"哦？对不起，老师……"

"没什么，喝点水吧。"

"老师，您的书什么时候出版？快了吧？……"

这样转换话题，特别是提出对方很愿意谈的话题，就会使谈话很快恢复正常，气氛活跃起来。

话不投机的第二种情况，是有人有意或无意地和你开玩笑，带有挖苦意味，使你窘迫甚至生气。如你的头发脱落了许多，快成秃子了，有人很可能挖苦你是"电灯泡""不毛之地"。在这种情况下，你不可恼羞成怒，伤了和气，也不能忍气吞声，硬装没事。最好是一笑置之，豁然大度地来两句："好啊！这说明我是绝顶聪明。没听说吗？热闹的大街不长草，聪明的脑袋不长毛！"这样答复，话题未转，内容却引申、转折了，既摆脱了窘境，又自我表扬，岂不妙哉？

第三种情况是双方意见对立谈不拢，但问题还要解决，不能回避。这种话不投机的情况就需要绕路引导。

在找对象的问题上，母子有矛盾。儿子不愿也不能和母亲闹僵，只好等待时机再说。这天吃饭时，母亲又唠叨起来："你这孩子，怎么就不听妈的话呢？人家局长的女儿，人长得不错，又有现成的房子，你为什么不和人家谈，偏要……""妈，快吃饭吧，菜凉了不好吃……"儿子先回避话题，意在绕路引导。

联系工作，洽谈生意，也可能话不投机，陷入僵局。只要还有余地，就可提出新的话题，绕弯引导。如甲方推销四吨卡车，而乙方不要四吨的，想要两吨的。这时，甲方若硬着头皮争执，只会越谈越僵，不欢而散。如能转移话题，绕弯引导，从季节、路途、载重多少与车辆寿命长短等各种因素来促使乙方考虑只用两吨的弊病，或许能"柳暗花明又一村"，开辟新的途径。

在社交应酬场合，有时候会遇到一些让人左右为难的问题，如果按照对方设计的思路去想问题，回答问题，无论如何回答都会落入对方设计的圈套。此时，就需要人们有非凡的反应能力，最好能够借助周围的环境，迅速转移话题，以有效地避免自己的尴尬。

当然，这种及时转弯的应变能力是靠不断的实践培养出来的，但也并不是遥不可及的。只要平时多加锻炼，必然会有所收获。

会绕圈子才能如鱼得水

我国传统文化，是很讲究绕圈子的。尤其是在中国封建时代的官场都是"伴君如伴虎"，不会"绕圈子"的人，就很容易吃亏，深谙此道的人才可能如鱼得水。

汉元帝刘奭上台后，将著名的学者贡禹请到朝廷，征求他对国家大事的意见。这时朝廷最大的问题是外戚与宦官专权，正直的大臣难以在朝廷立足，对此，贡禹不置一词，他可不愿得罪那些权势人物。贡禹只给皇帝提了一条，即请皇帝注意节俭，将宫中众多宫女放掉一批，再少养一点马。其实，汉元帝这个人本来就很节俭，早在贡禹提意见之前已经将许多节俭的措施付诸实施了，其中就包括裁减宫中多余人员及减少御马，贡禹只不过将皇帝已经做过的事情再重复一遍，汉元帝自然乐于接受。于是，汉元帝便博得了纳谏的美名，而贡禹也达到了迎合皇帝的目的。

《资治通鉴》的作者司马光对贡禹的这种做法很不以为然，他批评说："忠臣服侍君主，应该要求他去解决国家所面临的最困难的问题，其他较容易的问题也就迎刃而解了；应该补救他的缺点，他的优点不用说也会得到发挥。当汉元帝即位之初，向贡禹征求意见时，他应当先国家之所急，其他问题可以先放一放。就当时的形势而言，皇帝优柔寡断，逸佞之徒专权，是国家亟待解决的大问题，对此贡禹一字不提。恭谨节俭，是汉元帝的一贯心愿，贡禹却说个没完没了，这算什么？如果贡禹不了解国家的问题，他算不上什么贤者，如果知而不言，罪过就更大了。"

司马光可能忽视了，古代的帝王在即位之初或某些较为严重的政治关头，时常会下诏求谏，让臣下对朝政或他本人提意见，表现出一副弃旧图新、虚心纳谏的样子，其实这大多是一些故作姿态的表面文章。有一些实心眼的大臣十分认真，不知轻重地提一大堆意见，这时常招来嫉恨，埋下祸根，早晚会受到帝王的打击报复。但贡禹十分精明，他专拣君上能够解决、愿意解决、甚至正在着手解决的问题去提，而回避重大的、急需的、棘手的问题，这样避重就轻、避难从易、避大取小，既迎合了上意，又不得罪人，表明他

"绕圈子"的技巧已经十分圆熟老道了。

相反，但凡那些喜欢直来直去，不会"绕圈子"的人，常常会吃亏。因为你针锋相对地进行争执和批驳，对方很难从内心真正接受，还可能使自己"惹火上身"，因此在说话表达和行事方式上学会一些绕圈子，效果就好多了。

面对有意刁难，要化被动为主动

在应酬场上，你难免会遇到一些刁钻古怪的人，他们会进行刁难。如果你恼羞成怒，对刁难者进行指责，就会激起对方的反击，由此引发"战争"，就落入他人为你设下的圈套了。但如果你表现得过于温和，又会让对方觉得你是一个软弱易欺的人，没准还会找机会刁难你。

不仅是从政者，社交人士也需要掌握一些应酬技巧，巧妙应对别人的有意刁难，才能既保住自己的面子，又不至于因回敬过头而显得失礼。

1. 装糊涂

应酬时，有时会遇到某些人针对一些细微的事情对你发难，存心要让你难堪，意图让你成为全场的笑话。这时，如果你和他针锋相对，就会中了他的激将法，丧失了自己的风度。你不妨揣着明白装糊涂，全当不懂对方的话，让对方的预期心理落空，自讨没趣。

2. 用一个反问来作答

应酬场上，有些人就是喜欢抛给别人两难问题，喜欢看别人左右为难的样子。这时，与其在是与不是两个答案中左右为难，不妨把这个问题直接抛回给对方,来一句:"不知您的看法如何呢?"

3. 以相同思维反击

应酬中,当面对别人的有意刁难,你不能直接回答时,不妨采用与对方一样的思维,照他的逻辑,再设一个相同句式的问题来反问他,请君入瓮,这样就可以巧妙地把球踢还给对方,让他也尝尝这左右为难的滋味。

此外,在面对他人的有意刁难时,我们应先有意放松、消除对方的戒备心理,为能牢牢地把握主动权打好基础,等到对方上钩了,再予以反击,令对方措手不及。

总之,应酬时,当我们遇到别人的有意刁难时,一定要保持沉着冷静的心态,化被动为主动,才是商务应酬达人的最佳应酬法。

多说两个对不起,可化解瞬间爆发的火气

戴尔·卡耐基时常带着自己心爱的小狗,到家附近的森林公园去散步。为了保护游客的安全,这个公园有个规定,必须为狗戴上口罩,拴上链条,才可以进入公园。一开始,卡耐基按照规定遛狗,可是看到自己的爱犬可怜的模样,很不忍心,于是就将口罩和链条取下,让爱犬无拘无束地在公园里玩耍。

没想到这被一位公园警察看到了,他走了过来,对卡耐基说:"你没有看到公园门口贴的公告吗?"

卡耐基争辩道:"噢,我的狗是不会咬人的。"

警察一听,厉声警告卡耐基:"法官可不会管你的狗会不会咬人而放过你,下次再被我看到,你自己对法官说去!"

过了几天，卡耐基一大早就带了爱犬，到公园里一处很空旷的地方溜达，看看四下无人，于是又将狗的口罩和链条取了下来。

说来也巧，上回碰到的那个警察，不知从哪里钻出来了。卡耐基见到警察慢慢地走过来，心想大事不妙，这下准逃不掉。根据上次的经验，和他争辩只会让他更恼火。

卡耐基想了想，以满面羞愧的表情迎上前去。

他故意很难为情地对警察说："警官，对不起，你才警告过我，可我又犯错了，我有罪，你逮捕我吧！"

警察愣了一下，笑意爬上原本严肃的脸庞，他很温和地对卡耐基说："我知道谁都不忍心看到自己的狗可怜兮兮的模样，何况这里没有什么人，所以你取下了口罩。"

卡耐基轻声回答道："但是，这样做是违法的。"

警察望了望远处说："这样吧！你让小狗跑到那个小丘后头，让我看不见，这件事就算了。"

"对不起"三个字，意思无非是让别人占上风，你既然让他占了上风，他还有什么更多的要求呢？

从刚懂事起，父母、老师就教导我们要诚实，要勇于认错，要知错就改。想想小时候养成了一个多么好的习惯啊，而长大后却逐渐生疏起来。看看我们的周围，经常可以听到"我不会……因为遗传……""我迟到，因为……""我的计划没完成，因为……"等，即使错了，"对不起"之类的话我们也难以说出口。面对同事和朋友，我们拉不下脸面，怕被瞧不起；面对长辈和领导，我们怕失去信任；面对小辈，我们怕失去威信；面对客户，我们怕承担责任……正是在这些害怕中，我们一点点地丧失勇气，迷失自己。更重要的，容易让人感到我们没有修养。

点点滴滴的失误，在我们工作中真的发生了很多很多，可我们并没有及时说"对不起"，我们忙于找借口来拒绝承担自己的责任。

在交际应酬的过程中，说了对不起，认了错就真的会被瞧不起，会被认为能力差，会丢面子，会得不到信任，会失去威信吗？我们都知道，多少夫妻之间的相濡以沫、多少同事关系的一如既往，关键皆在于：双方能坦然地承认自己错了。卡耐基有名的人际关系原则中有一条：如果错在你，应当立即、断然地承认。我们要认识到认错并不会丢面子，也不会说明你能力差，相反，它还能证明你是个有勇气的人，大家也都会喜欢一个勇于承认错误的人。

如果对方经验老到，恩威并施说服更快

人都是有血有肉有感情的，因此，一般情况之下，只要我们能以诚相待、将心比心，多为对方考虑，就很容易说服他按照我们的意思办事。但当我们需要说服的对象经验老到时，我们不妨施之以威，采取恩威并施之策略。唯有如此，我们的说服效率才会更高。

在明朝初定之时，西南少数民族并不完全归服，一则天高皇帝远，中央势力鞭长莫及；二则少数民族与中原汉族素有隔阂，因此，对此边远之地维持有效统治并非易事。可是，朱元璋在当时的形势下，就因为能够恩威并施，才解决了很多问题。

当时，朝廷驻贵州镇守的都督马烨趁水东、水西两邦改换首领

之机，想"改土归流"，废掉水西、水东土司，改制郡县。因此，他将水西的女土司奢香抓来，鞭挞凌辱，欲以此挑起云南水东、水西诸邦怒气，来制造出兵借口。

此事一出，水部四十八部彝民都纷纷欲反，这使明太祖认识到武力并不能解决问题，对待云南各部还要采取抚慰政策。

这样一来，可借机让土司交出部分权力，去除各部与内地交通之屏障；二来可成就仁君之美名，收买人心，得到百姓拥戴。

尽管马烨也一片忠心，但这回不得不成为明太祖政治手腕的牺牲品。

明太祖接待了水东土司刘淑贞，听其诉说马烨的劣迹和世代守土之功。马皇后也召见了刘淑贞，并传唤设宴进京入朝，予以抚慰。这使刘淑贞和奢香很是感动。明太祖进一步问："汝诚苦马都督，吾为汝除之，然何以报我？"明太祖已打算用马烨的性命换取二位土司的归顺。奢香说："愿世世代代皆诸罗，令不敢为乱。"

明太祖斩马烨的同时，册封奢香为顺德夫人，刘淑贞为明德夫人。可谓极尽恩赐之能事。但明太祖心中有数，过于亲近厚待必定会使其得意忘形，不服管教，并以为朝廷懦弱。因此，朱元璋仍留了一手。

当奢香、刘淑贞历经回归时，明太祖命令沿途官府在两路中央陈设兵力，紧张武备设施，以震慑二女，让其明白朝廷并非软弱可欺，而是具备相当实力，若举兵反叛，下场将不会很好。

明太祖的这种做法可谓明智至极，效果也极佳，对其册封厚待，使二位邦主领略了中央爱民之仁德；对其耀武陈兵，又使她们明白朝廷的威德。奢香等回去后，将朝廷兵力告知各部，于是众部心中顿生敬畏之情，归顺之心日强。下面，再看一个经典的恩威并施之例吧！

清朝被推翻之后，中国进入了军阀割据的年代，各大军阀为了抢占地盘，在帝国主义的支持下大打出手，把整个中国搞得乌烟瘴气、民不聊生。

这时，奉系军阀张作霖占据东北，而直系军阀曹锟占据华北平原，双方地盘接壤，时不时会有小摩擦发生，但一直没有大的冲突。

这是为什么呢？照理说，在当时那种条件下，军阀地盘交错，不是朋友，就是敌人，气氛应该很紧张。其实，张作霖与曹锟还能扯上一点亲戚关系，张作霖的姑妈的表侄女是曹锟的三姨太，尽管没有血缘关系，但也算有姻亲在其中。

曹锟的为人有一个让人所不齿的地方，就是"势利"，早在曹锟还没有爬到直系统帅的时候，张作霖就听姑妈说过，而后几次偶然的接触，更加深了他对曹锟的认识。

曹锟在当上直系的头子后，就不时地送礼给张作霖，希望他能与之合作，共同打垮其他几支军阀，而一同称霸中国。开始，张作霖没有反应，后来曹锟动用了"亲情"，想以此来感动张作霖，但张作霖还是没有答应。照理说，在那种年代，能暂时寻得同盟也未尝不可，但张作霖太了解曹锟的为人了，所以才未敢答应。

曹锟一计不成，又生一计，又不时地向张作霖抢地盘，以为张作霖不会因"一小块"不毛之地与人翻脸，但曹锟又想错了，张作霖在地盘上毫不退缩，就是一寸，也动之以武力相威胁，就令曹锟对他这位亲戚又恨又怕，毕竟，张作霖背后有日本这个大靠山，拥有了大量的兵源与装备。

张作霖在这方面态度强硬，但也不敢太得罪这位亲戚，因此自动支持曹锟竞选民国总统，声称"全力声援"。

就这样，曹锟又不得不与张作霖搞好关系，因为他需要张作霖的支持。

张作霖真不愧是恩威并施的高手，他在与这个"势利"亲戚交涉时，让曹锟吃够了苦头，又尝到了不少甜头，令曹锟这种势利小人不得不主动与之处好"亲戚"关系。

当我们使用恩威并施的方法之时，一定要注意考察对手的相关情况。如果对方具有丰富的经验，并且整个说服的形势对自己不利而对对手有利，那么，恩威并施的方法难于达到预期效果。反之，在整个形势对己有利而对对方不利的时候，特别是对方缺乏足够的经验，或者对方对达成某项协议心情较为迫切的情况下，一般效果甚佳。

宴会应酬篇

——话说对了,事情就成了

"无功不受禄"，请客要找好理由

中国有句古话叫"无功不受禄"。因此，请别人吃饭一定要找个合适的理由，要知道，恰当的宴请能大大拉近人与人之间的关系，从而提高办事的成功率。如果对方能欣然赴宴，那么求他办的事也就等于成功了一半。

刘强是刚毕业的大学生，初入职场的他和办公室里元老级的同事总有些不合拍，连科长都说他有些木讷。办公室里的同事总能找到理由请客，科长也时不时欣然前往。而刘强更加被孤立，虽然他也在寻找请客的理由，以期拉近和大家的关系。

刘强没有女朋友，生日也还有半年多的时间，他实在找不到可以宴请大家的理由，又怕落个马屁精的称号。这天，刘强在路边的饭厅吃午餐，看到对面有个福利彩票销售点，很多人排着队在买彩票。刘强灵光一闪，顿时想到一个好办法。

从那天，刘强开始买彩票，还有意无意将买来的彩票遗忘在办公桌上。刘强买彩票的消息，在同事间不胫而走。还没等大家把这个消息炒成办公室最热门的话题，刘强一天早上郑重地宣布自己获得20000元的一个奖。下班了，同事和科长被请进了饭店，酒足饭饱后，刘强从大家的眼神里看到了认可和友好的神情。

从此以后，他也渐渐融入了办公室这个大集体，上司和同事对他伸出帮助之手。就连他以后结婚分房的事，也是科长和同事鼎力相助的结果。这一切得谢那次虚拟的"中奖"。

俗话说,"吃人家的嘴软",很多人都明白这个道理,所以并不是所有的宴请人们都会捧场。能够拒绝的,即使是自己一分钱不花,也往往会想办法拒绝。所以,宴请别人一定要找个好理由,理由找好了,才能让对方欣然赴宴,你的目的才有可能达成。

通常情况下,请客的方式无外乎以下几种:

1. 开门见山式

例如,当你想邀请上级领导吃饭时,可以直接说:"请问徐经理吗?我们现在在某某酒楼吃饭,过来认识几个朋友吧,我们等你来啊。"这种方式自然亲切。

2. 借花献佛式

例如:"陈工!今天获奖名单公布了,我中奖了!走吧,我们去庆祝庆祝!"然后在酒宴上再提自己求他所办之事,那时候他的酒都喝了,哪好意思不帮你?

3. 喧宾夺主式

如:"哦!你中午没有时间啊?没有关系,这样吧,下午我去订个位置,然后晚上你带上你的家人,我们一起去吃怎样?晚上我给你电话!"这样发出的邀请,别人就很难再有借口推辞了。你也就有了接近对方,求其办事的机会。

另外,请客的理由也五花八门,生日、乔迁、工作调动、开业典礼等都能成为请客的理由。总之,找一个好理由宴请别人是最重要的。

女性在宴会上要注意仪态细节

有些女人为了在宴会上大放异彩,往往不惜重金打造自己的形象,一旦掌握不好分寸,就可能漏洞百出,成为一个受尽众人嘲笑的宴会女王。

明星胡小姐是社交界公认的宴会女王。一次参加宴会,胡小姐一进入宴会现场立刻吸引了所有人的目光,只见她身穿一袭名家设计的黑色晚礼服,价值百万的首饰更是为她增色不少,可是红地毯刚走了一半,胡小姐便双手提起晚礼服,踩着那双又细又高的皮鞋快速奔进了会场,并且一下子抱住会场内的一位小姐。原来两人是旧相识,不过胡小姐的"闪亮"登场还是吓了那位小姐一跳,更是让在场的众人大跌眼镜。接着,两人聊了起来,只见胡小姐的一条腿不停地抖动,而且手还不时地拨弄自己的头发,偶尔还会翻开包包拿出自己的小镜子,照来照去,想来是不希望自己的妆容有任何闪失吧。旁边那位小姐对她说:"小胡,你稍微注意点,这么多人在呢,还是去化妆间弄吧。""没事,大家都很忙,不会注意到我的,你帮我挡挡啊,我补点腮红。"胡小姐说着以迅雷不及掩耳之势拿出粉饼快速地补起妆来。周围其他人都不约而同地露出鄙夷的眼神,场面十分尴尬。

也许胡小姐的性格本来就是大大咧咧的,然而她在宴会现场的表现绝对不能用大大咧咧一语掩盖。她的漏洞百出,体现出她缺乏基本的素养,更谈不上品位和修养。她的粗俗习惯绝对不会给现场的与宴者感官的愉悦,她甚至连最基本的尊重自己和尊重别人都做不到。胡小姐如此失态根本与她的宴会女王称号不符,甚至连个花瓶都算不上,自然会受到大家的鄙夷。

所以,女性在宴会上一定要注意自己的仪态细节,万不可毛毛躁躁,失礼于人。如果你是宴会的女主人,更应该注意自己的形象,得体端庄。具体来说,主要注意以下几个方面:

首先,要选择适合宴会的着装,力求干净整洁。席间,无论现场如何闷热,作为女性的你都不能当众解开纽扣或脱下外衣。

其次,要保持自己发型的高雅端庄,如果头发有些凌乱,应该立即去化妆间整理,而不可当众整理。

再次,不可当众化妆或补妆,处理妆容上的小细节也应该到化妆间去处理。

总之,作为女主人的你或者渴望成为宴会女王的你一定记住,在宴会前除了要细心装扮自己以外,还要注意自己在宴会现场的表现,不可有丝毫的大意,否则仪态尽失不仅成不了"女王",还会成别人的笑柄,贻笑大方。

菜点对了,打开对方心扉并不难

点菜是摆在众人面前一道严峻的选择题。如果菜点安排太少,会怠慢客人;反之,则会造成浪费,引起他人的误解。所以,点菜是一个人饮食文化修养的集中表现,是一项复杂的工作,值得大家探讨。

作为请客者,若时间允许,应等客人到齐之后,将菜单供客人传阅，并请他们来点菜。当然，如果是公务宴请，要控制预算，最重要的是要多做饭前功课，选择合适档次的请客地点非常重要。一般来说，如果由你来埋单，客人也不太好意思点菜，会让你来做主。

如果你的上司也在宴席上，千万不要因为尊重他，或是认为他应酬经验丰富，酒席吃得多，而让他来点菜，除非是他主动要求，否则他会觉得不够体面。

如果你是作为赴宴者出现在宴席上，在点菜时，不应该太过主动，而要让主人来点菜。如果对方盛情要求，你可以点一个不太贵、又不是大家忌口的菜，最好征询一下同桌人的意见，特别是问一下"有没有哪些是不吃的"或是"比较喜欢吃什么"，要让大家有被照顾到的感觉。

点菜水平的高低直接影响进餐的心情和氛围，在点菜时一定要心中有数，牢记以下三条原则：

一是一定要看人员组成，一般来说人均一菜是比较普通的原则。如果是男士较多的餐会，可适当地加量。同时要看菜肴的组合，冷热、荤素搭配要全面。如果男士较多可多点些荤菜，如果女士较多，可以清淡些。

二是如果是普通的商务宴请，可以节俭些。如果这次宴请的对象是比较关键的人物，则要点上几个够分量的菜。

三是点菜前要对价格了解清楚，点菜时不要问服务员菜的价格，或者跟服务员讨价还价，这样会显得你小家子气，而且被请者也会觉得不自在。

中餐宴席菜肴上桌的顺序，各地不完全相同，但一般普遍依循下列六项原则：先冷盘后热炒；先菜肴后点心；先炒后烧；先咸后甜；先味道清淡鲜美，后味道油腻浓烈；好的菜肴先上，普通的后上。因此，点菜也要遵循这个顺序。

主次分明，把握好敬酒的顺序

宴请别人时，为了表示自己的诚意，就需要向别人敬酒。敬酒也是一门学问。一般情况下敬酒应以年龄大小、职位高低、宾主身份为序。要遵循先尊后长的原则，按年龄大小、辈分高低分先后次序摆杯斟酒。

在同领导一起喝酒时，最需要讲究的就是秩序，这跟开会一样，官大的自然上座，然后按级别、所在部门依次落座。敬酒的次序仍依座位次序进行。小人物要是不小心坐错了位置或者敬错了酒，必然惊出一身冷汗。小官敬大官要一干到底。做下属的在敬酒时是机遇与挑战并存，所谓机遇是零距离接触领导，是增进与领导感情的绝好时机；所谓挑战是因为人一喝酒思维和平时就不一样，搞不好也是最容易得罪领导的时候。所以对下属来说敬酒须谨慎。小人物既要考虑酒场这一环境的特殊性，又要察言观色，随时揣摩领导的心思，新上的菜，领导不下筷子，自己不能先动。敬酒前一定要充分考虑好敬酒的顺序，分清主次，即使与不熟悉的人在一起喝酒，也要先打听一下身份或是留意别人如何称呼，这一点心中要有数，避免出现尴尬或伤感情。

敬酒时一定要把握好敬酒的顺序。有求于席上的某位客人，对他自然要倍加恭敬。但是要注意：如果在场有更高身份的人或年长的人，则不应只对能帮你忙的人毕恭毕敬，要先给尊者、长者敬酒，不然会使大家难为情。

总之，在宴请时你一定要注意敬酒的次序，做到主次分明，这样才能有利于你扩展人际关系、拉拢关系及求人办事等。

形势不妙，敬为上

在饭局上求人办事是很普遍的事情，但是这并不是说只要你请对方吃饭，对方就一定会答应给你提供帮助，这其中有很多技巧性的问题，需要你仔细斟酌。而且饭局上风云变幻，对方的情绪随时都在变化，尽管你会试着尽量避免触犯对方的逆鳞，却无法确切探知到对方的心理，你能做的只能是在对方表现出不悦或是有反感迹象的前几秒，迅速做出应变反应，平息对方心中的波澜，缓和现场的气氛。

张勤和周华夫妻俩都是某学校的老师，前段时间教导主任退休了，按资格来说张勤是最有希望晋升这个职位的，而且张勤还连续五年当选为校级模范教师。可是，一个多月过去了，校长那边毫无表示。张勤暗示了几回，校长还是没有丝毫表示。无奈之下，夫妻俩决定请校长吃饭，顺便探听虚实，也好就势争取。

只见席间，校长一再顾左右而言他，就是不提选拔教导主任这件事。张勤性子急，问校长说："校长，李主任退休那么久了，教务处现在都是由副校长管着，副校长一人担两职实在是劳累，这不是长久之计啊！"校长笑了一笑，说："这个嘛，校领导一直在开会讨论，可咱们学校实在是人才济济啊，还得从长计议啊！""可是，这个按照资格来说……再说,这选谁还不是校长你说了算吗?"张勤很不满意校长的话,出口反驳。校长一听张勤说这话,立马变了脸色,正要开口,张勤的妻子周华说:"哎哟,真是的,你们男人怎么吃饭也离不开公事啊!今天咱们就是吃饭,不谈公事啊!赶紧吃菜,老张,傻愣着干吗,赶紧给校长满上。"张勤明白妻子的暗示,赶紧给校长倒满了酒,三人碰了杯。

接下来,张勤和校长就学校里的一些事情交换了意见,中间不免有看法不一之处,可是妻子周华每次都能在关键时刻以敬酒为名,避免两人起争执。最后,校长表示这顿饭吃得很愉快,并感谢张勤夫妻俩的款待。

不管周勤最后是否能晋升教导主任,至少这次请校长吃饭的目的是达到了,在此愉快的氛围下,校长势必会对他们夫妻俩留下不错的印象,从而对周勤晋升一事也会多上份心。

请客吃饭,求人办事时,切忌急功近利,一门心思只想着达己所愿而不顾及饭桌上的气氛。我们要想在饭桌上更好地成事,就要善于察言观色,眼见形势不妙,就应以敬酒的方式尽量缓解,不可操之过急,甚至在对方脸色不对、情绪不佳的当口,还只顾着自己的利益,那样是很难真正成事的。

敬酒有道,频频举杯有妙招

假如你希望使酒宴按照宴会的目的,高潮迭起,频频举杯,"劝君更进一杯酒",你需要具备一定的酒桌敬酒的"硬功夫"。

酒宴越是临近结束，劝酒就越发困难。所以要想频频举杯与客人畅饮，就得靠标新立异、新颖别致的话题才能出奇制胜，收到凝聚万般情的效果。

如在一次商务交往的宴会上，十分需要借助酒性沟通，可是无论怎样敬酒，客人都礼貌地回绝了。事先宴请方得知这个客人嗜酒，如果喝不尽兴，就难于合作。那么宴请方就可以这么说："各位来宾，我给大家再敬杯酒，这杯酒我借着刚刚呈上来的这盘'浇汁鱼'向各位表示衷心的祝福之情。如果各位认为我说得对，就请干杯。你们看，吃鱼头，独占鳌头；吃鱼腮，满面灵气；吃鱼眼，珠玉满目；吃鱼唇，唇齿相依；吃鱼骨，中流砥柱；吃鱼鳞，年年有余；吃鱼腹，推心置腹；吃鱼背，倍感亲密；吃鱼子，财智无数；吃鱼尾，机敏迅疾！让我们共同举杯，为吃鱼给我们带来年年有余，事事如意，干杯！"这样一来，众来宾都会被他的风趣幽默、独树一帜的祝酒词所感染，不但立即举杯畅饮，而且那位最重要的客人也会愿意多喝一杯。

在酒宴上为了敬酒而采取"即物生情"的办法，往往出奇制胜，屡屡成功。人们不仅可以从吃鱼上说起，也可以从鸡、鸭以及各种菜肴来引申祝酒，也能收到奇效，如贡菜、发菜，为"恭喜发财"等。当然，采用这种方法祝酒需要掌握好一定的时机和技巧。

在一次接待客商的宴会上，为了劝客人多喝几杯，东道主在请客人品尝北京烤鸭时，举杯说道："各位来宾，吃烤鸭不但味道鲜美，而且包含着祝福和吉祥。人们说，吃鸭头，抢占先机，神采飞扬；吃鸭脖，曲颈高歌，引吭向上；吃鸭胸，胸有成竹，金玉满堂；

吃鸭腿，健康有力，身强体壮；吃鸭掌，红掌清波，事事顺畅；吃翅膀，展翅高飞，前程无量；吃鸭尾，义无反顾，福寿绵长。让我们为吃烤鸭带来的良好祝福，为各位幸福吉祥，激流勇进，劈波斩浪，干杯！"一番精彩的祝词，让人神清气爽，心潮澎湃，来宾纷纷要求为吃烤鸭的吉祥祝福一起干一杯。

当然，在宴会中以即物生情的办法敬酒只是一种方法，为了使客人在宴会中频频举杯，你必须灵活应变，才能达到你宴请的目的。

不动声色，应对别人的围攻酒

人们在参加宴会的时候常常会遇到这样的情况，主人频频敬酒，一个个轮番上阵，你举杯后他登场，每个祝酒者都满怀激情，理由充分，大有让你不醉不休的架势。这种情况怎样才能保持不醉，全身而退呢？最好的办法就是请君入瓮，以其人之道还治其人之身，让他们知难而退，主动放弃对你的"围攻"。

一日，某公司举办商务酒宴，席间该公司经理频频举杯，巧立名目，敬了六次酒。在敬第六杯酒时，经理怕来宾拒酒，强调"六是吉祥，六是顺意，六标志着不论经历六六三十六番风雨，都会有七十二般彩霞壮丽，六蕴涵着无数的变化与商机。六杯酒是对我们合作顺畅的洗礼，六是我们双方激情的凝聚，任何数字都不及六的祝福最能表达我们的心意……为我们合作顺心如意，财源如春雨，干杯！"看来宾们喝下第六杯酒后，不一会儿，他又第七次举杯：

"各位来宾，各位朋友，我喝一杯你一杯，感情浓了酒似水。这七杯酒表心扉。情意重了千杯不醉，酒入口中心心交会，合作经营前景宏伟……为了我们的合作永远有七色彩虹相伴相随，为财源滚滚像流水，干杯！"

此时的来宾大多已是不胜酒力，再喝下去势必影响下午的谈判。而且第七杯喝下去，必然还会有热情洋溢的第八杯，如果这杯不挡住，后面的更难于抵挡。可面对主人如此"热情"，不喝又似乎说不过去。这时，一位来宾缓缓站了起来，端起酒杯，从容地说道："各位，一杯的酒香凝结在喉，两杯的祝福记在心头，三杯的盛情共同拥有，四杯的浓情风雨同舟，五杯的热烈如风摆柳，六杯的祝愿天高地厚。我虽然已经喝得无力承受，但我还记得刚刚喝下的那杯酒，你们说，任何数字都不及第六杯酒最能表达心意，那我们就要把最能表达的凝聚在心头，既然你们的祝福说'六是顺意，六标志着纵然有三十六番风雨，也一定能有七十二个丰收'，那么，我们就把最好的、最美的、最顺畅的那第六杯酒代表的最具盛情的祝福永远拥有。正像你们开始祝酒时所说，祝酒在情不在酒，那我们就正好以水代酒，让祝福顺畅永远绕心头。干杯！"

听罢这番祝酒，来宾纷纷响应，那位经理虽然还想再拼酒，但觉得第六杯酒祝酒时已经把话说满，不好再自我否定，在对那位来宾的钦佩之余，也共同举杯。敬酒也就到此为止了。

上述案例中来宾就是采用了"请君入瓮"方法，应对对方经理车轮式的敬酒，他明白对方经理是想利用拼酒，使他们在下午的谈判中因为醉酒而处于下风，所以巧妙地利用对方第六杯说得过满的话，让其钻入自己所设的话语圈套中，从而避免了醉酒误事。

酒量不好的人陪酒如何不失礼

如果你因为很多原因不得不参加酒宴，而事实上你的酒量又不好，那么你应该怎样陪别人才显得周到呢？这可以从以下两种情况分析：

1. 滴酒不沾的人如何陪客

在一些滴酒不沾的人中，有不少人是宴会上陪客的高手。他们在长期的磨炼中，在热情地向客人斟酒的过程中，学到不少陪伴客人的诀窍，其诀窍就是"因为不会喝，所以我就只有一心一意地为客人斟酒服务"。

有的人在自己的酒杯里倒些茶，也像喝酒似的一点点地喝，这样也会使气氛很热闹，也有的办事人员装出喝醉酒的样子，讲一些有趣的话逗大家笑。总而言之，办法很多，只要你想做就做得出来。

2. 会喝酒但喝不多的人如何陪客

会喝但喝不多的人最多了。在宴会上这种会喝但又喝不多的人处境是最难的。因为他不可能像一滴酒都不能喝的人那样索性为客人斟酒服务，另一方面他又不能和酒量大的客人干杯痛饮。

酒量小的人不仅要设法控制自己的酒量，还要动脑筋琢磨劝酒的方法。敬酒、劝酒、斟酒的方法愈高明，对方也喝得愈高兴。

宴会上如果对方明知你酒量小而有意想把你灌醉的话，你可直率地把酒杯收起来，并且郑重其事地告诉对方："我的身体实在是受不了，请您谅解！"

另外，陪酒量大的客人喝酒之前，最好先多吃些脂肪多的食物垫垫底，以收到保护胃壁及阻止酒精吸收的作用，在喝酒的方法上，开始要少喝一点，然后再逐渐地增加酒量，使自己有个适应的时间。

如上所述，在喝酒时斟酒是大有学问的，公关办事时，应该在这些问题上多动点脑筋多下点功夫才可以。不要事情还没办好，自己已经醉得不省人事了。

把拒酒的理由说得自然些

现代人的各种应酬都少不了酒，只要一上酒席，如有人敬酒，总要喝上一些。如果遇到某些特殊的情况而不想或是不能喝，那该怎么办呢？要知道酒席上的氛围总是喝酒容易拒酒难。拒酒的话该如何说，才不让劝酒的人觉得是你故意不给面子，或者不让其他人觉得你在故意扫大家的兴呢？

下面我们介绍几种行之有效又自然大方的拒酒方式。

1. 满脸堆笑，就是不喝

张力大喜之日，特邀亲朋祝贺，小波也在其中，然而小波平素很少饮酒，且酒量"不堪一击"。酒席上，偏偏有人提议小波与张力单独"表示"一下，小波深知自己酒量的深浅，忙起身，一个劲地扮笑脸，一个劲地说圆场话："酒不在多，喝好就行。"

"经常见面，不必客气。"

"你看我喝得满面红光，全托你的福，实在是……"

结果使张力无可奈何。在筵席上一些"酒精（久经）考验"的拒酒者，任凭敬酒的人说得天花乱坠，他就是笑眯眯地频频举杯而不饮，而且振振有词。

这种"满面笑容，好话说尽"的拒酒术往往能让对方拿你没办法，最后只好作罢。

2. 以其人之道，还治其人之身

小君的朋友吴勇，人很好，就是有一个毛病，喜欢在酒席上盛情劝酒，而且通常采取那种欲抑先扬的劝酒术，先恭维对方是"高人"或"朋友"，再举杯敬酒，让对方骑虎难下。因为吴勇已经"有言"在先，如果不喝，就不配为"高人"，不配做"朋友"。

这天在酒席上，吴勇又故伎重演，劝小君喝酒，可小君怎么也不想喝了，于是说："今天你要我喝酒简直是要我的命。如果你把我当朋友，就不要害我了！"

吴勇也不好意思再劝了，小君使用了和他一样的说话技巧，可谓是以其人之道，还治其人之身。因为小君的言下之意也很明白：你要我喝酒就不够朋友！

而劝酒者都有一个心理：喝也罢，不喝也罢，口头上都必须承认是朋友，是兄弟。抓住这个弱点予以反击，劝者碍于"朋友"的情面，不得不缄口。

3. 坦白求"从宽"

赵波去参加一个宴会，王刚好久没与他见面了，坚持要和赵波痛饮三杯，赵波说："你的厚意我领了，遗憾的是我最近一段时间身体不好，正在吃药，已是好久滴酒不沾，只好请老朋友你多多关照了。好在来日方长，日后我一定与你一醉方休，好吗？"

此言一出，宾客们纷纷赞许，王刚也就只好见好就收了。

事实胜于雄辩，拒酒时，若能突出事实，申明实际情况，表明自己的苦衷，再配上得体的语言，那就能取得劝酒者的谅解，使他欲言又止，辍杯罢手。

4. 夸大后果，争取谅解

饮酒当然是喝好而不喝倒，让客人乘兴而来，尽兴而归。那种不顾实际的劝酒风，说到底，也不过是以把人喝倒为目的，这充其量只能说是一种低级趣味的劝酒术，是劝酒中的大忌。作为被动者，当酒量喝到一半有余时，就应向东道主或劝酒者说明情况。如："感谢你对我的一片盛情，我原本只有三两酒量，今天因喝得格外称心，多贪了几杯，再喝就'不对劲'了，还望你能体谅。"

如此开脱以后，就再也不要喝了，这种实实在在地说明后果和隐患的拒酒术，只要劝酒者明白"过犹不及"的道理，善解人意者，就会见好就收。

5. 女将出马，以情动人

媛媛陪丈夫去参加聚会，酒席上丈夫的好朋友们大有不醉不归的架势。但丈夫身体不好，媛媛担心生性内向的丈夫会一陪到底，而不会适时拒绝。等丈夫三杯白酒下肚，媛媛站了起来，举起手中的酒，对酒席上丈夫的朋友们说："各位好朋友，我丈夫身体不好，两周前还去过医院,医生特地嘱咐说不能喝酒,可今天见了大家,他高兴,才喝了那么多。既然都是好朋友,你们一定不忍心让他酒喝尽兴了,人却上医院了。为了不扫大家的兴,我敬各位一杯,我先干为尽!"

说完,一杯酒就下了媛媛的肚子。丈夫的朋友们,听她说的话挺在理,又充满了感情,再看她豪爽的架势,也就不再劝她丈夫的酒了。

酒席上,女人拒酒往往更能得到人们的理解,如果女人能帮着丈夫拒酒,不就是帮丈夫解围了吗?当然这时,一定要慎重,不要贸然代替丈夫拒酒,否则会让人觉得你的丈夫不豪爽,反而有损丈夫的面子。

6. 设下陷阱,请君入瓮

刘某新婚大喜之日,当酒宴进入高潮时,某"酒仙"似醉非醉、侃侃而谈,请三位上座的来宾一起"吹"一瓶。面对"酒仙"言辞上的咄咄逼人,三位来宾中的一人站起来说:

"我想请教你一个问题,'三人行,必有我师',这句话是不是孔子说的?"

"是的。""酒仙"随即说。

来宾又问:"你是不是要我们三个人一起喝?"

"酒仙"答:"不错。"

来宾见其已入"圈套",便说:"既然圣人说'三人行,必有我师',你又提出要我们三人一起喝,你现在就是我们最好的老师,请你先示范一瓶,怎么样?"

这突如其来的一击,直逼得"酒仙"束手无策、无言以对,只得解除"酒令"。这一招叫"巧设圈套,反守为攻",就是先不动声色,静听其言,等待时机。一旦时机成熟,抓住对方言辞中的"突破口",以此切入,反守为攻,使对方无言争辩,从而回绝。

当然了,这一招最为关键的是"巧设圈套",这需要设局者跳出当时的处境,以旁观者的心态,去看待事情本身。这时,往往会有"闪亮"的圈套跃入思维。酒场上最忌的是"直白""粗鲁"。虚虚实实、实实虚虚是酒场的轴心。

职场博弈篇

——好口才是事业成功的阶梯

避开同事的隐私问题

尽量避开私人问题，也别议论公司里的是非长短。

每个人都有自己的隐私，都有自己不想让别人知道的事情。因此，当我们与别人相处时，就要极力避免谈论别人的隐私，否则会使你人格受损，会让别人认为你缺乏修养，甚至破坏你与他人的和睦关系。

避免谈论别人的隐私，一是不可在谈话中拐弯抹角地打听别人的隐私，二是不可知道了别人的一点点隐私就到处宣扬。世界之大，谈资无所不有，何必非要以他人的隐私当作谈资呢？

如果有人在谈到某同事时说"我只跟你说"，对这样的话你可别太当真了。

假使你对某同事没有好感，按捺不住地对上级说："这些话只跟您提而已……"随意地大发议论的话，如果正中上级下怀，你所说的话会立刻传入该同事的耳中。

对于造谣中伤，大多数人都是深恶痛绝的。而对于隐私方面的流言蜚语，虽然大多数人也表示厌恶和排斥，但不少人总爱在不知不觉中加入进去。

一句"今天我看见业务科的小赵在咖啡厅和一个年轻姑娘在一起"，经过无数人的嘴，传到最后时会变成："业务科的小赵在咖啡厅和一个漂亮姑娘搂搂抱抱，可亲热呢！"甚至还说那姑娘还是本公司的××小姐。实际上呢，小赵只不过是在咖啡厅同妹妹商量搬家的事。

现实生活中有一种人，专好把别人的隐私编得有声有色，推波助澜，夸大其词地逢人就说。人世间不知有多少悲剧就是由此而产生的。你虽然不是这种人，但偶然谈论别人的隐私，也许无意中就为别人种下了祸患的幼苗，其不良后果并非你所能预料到的。

要是有人向你说某人的隐私，你唯一的办法就是，像保守自己的秘密一样守口如瓶，不可做传声筒，并且不要相信这片面之词，更不要记在心上。说一个坏人的好处，旁人听了最多认为你是无知；把一个好人说坏了，人们就会觉得你存心不良。

如果你茶余饭后要找谈话的主题，那天上的星河、地上的花草，无一不是谈话的好题目，真不必靠说东家长、道西家短来消磨时间。

要是同事能将自己的隐私告诉你，那说明你们之间的友谊肯定是非常好的，否则他不会将自己的私密向你和盘托出。

要是同事在别人口中听到自己的秘密被曝光，不用说，他肯定认为是你出卖了他。被出卖的同事肯定会在心里不止千遍地骂你，并为以前的付出和信任感到后悔。因此，不随意泄露个人隐私是巩固职业友情的基本要求，如果这一点都做不好，恐怕没有哪个同事愿和你推心置腹。

尽量避开私人问题，也别议论公司里的是非长短。否则，用不了多久就会"烧"到你自己头上，引火烧身，到时再"逃跑"就会显得很被动了。

与同事说话的分寸

与同事相处,也要讲究一定的分寸。话太少不行,人家会认为你不合群、孤僻、不善交际;话多了也不行,容易让别人反感,而且也容易让别人误解,认定你是个大嘴巴。所以说,既不多说一句,也不少说一句,才是与同事相处最理想的说话分寸。

各类是是非非每天都在办公室里发生着,你可能是个很有正义感的人,忍不住要挺身而出"匡扶正义";你也可能是个外向的人,眼里看不惯嘴里要说出来;你还可能是个"事不关己,高高挂起"闲事少管的人……但不管你是个什么样的人,都要和同事们日复一日、年复一年地相处下去。这就需要你掌握一些与同事有分寸地说话方式,在他们中间塑造受欢迎和受欣赏的说话形象与风格,以便身边的同事不至于小看你或者抓住你的话柄找你的麻烦。

如果,某部门主管与你十分要好,有一天,他突然向你求救,说他有一个计划希望与某公司合作,而你与该公司老板或有权力人士十分熟稔,请你做中间人,向这位人士游说一番,说几句话。

不错,你与这人的交情很好,但是,你要切记:公私分明。

你不妨婉转、间接一些回答他,例如对方要求你伸出援助之手时,可以打趣地说:"其实这件事很简单,你一定可以应付自如的,被我的意见左右,可能不好。"这番话是间接提醒他:一个成功人士,必须独立、自信,而且,这样说也不会损及大家的情谊。

不管同事怎样冒犯你,或者你们之间产生什么矛盾,总之"得饶人处且饶人"。多一句,不如少一句,凡事能够忍让一点,日后你有什么行差踏错,同事也不会做得太过分,推你走向绝境。至于如何才能培养出这种豁达的情操,也是有办法的,比如让心思意念集中在一些美好的事情上,当你的报复或负面的思想产生时,叫自己停止再想下去!

当你意外发现某位跟你十分投契的同事,竟然在你背后四处散播谣言,说你的不是和缺点,这时你才猛然觉醒,原来平日的喜眉笑目,完全是对方的表面文章!晴天霹雳之余,你会痛心地想,跟他一刀两断吧!然而大家是同事关系,你若摆出绝交的态度,一定会吃亏,别人以为你主动跟他反目成仇,问题必然出在你身上,这无形中给对方一个借口去伤害你,这样做太不理智了。更何况你俩还有合作机会,并且上司最不喜欢下属因私事交恶而影响工作。所以,你应该冷静地面对,千万别说出过火的话来,这样对谁都不利。

对这样的同事,只要暗中将自己的距离拉远就行了,因为你已了解到他是一个不可信任的人,但表面说话时最好保持以往跟他的关系。因为面对这种狡猾之人,你是不能说太多实话的!这就是你对这类同事应有的分寸。

同事与你抢功劳时的语言对策

在有些情况下,面对面地说开极有可能引发一场唇枪舌剑,若是以书信的方式进行沟通,效果或许会好些。

"职场如战场。"当你挖空心思想出一个好方案,或者你兢兢业业地工作为公司发展做出了极大的贡献时,却有人试图把这份功劳占为己有。这时,你该怎么办?是据理力争,还是自认倒霉?也许,下面两种说话方式对你会有所帮助。

1. 夸赞抢你功劳的人，然后说明功劳是自己的

在说明功劳是自己的时候，你可以这样说："尽管最终的时候，我们把这个方案设计得几乎是天衣无缝，但那天我回去以后又仔细琢磨了一下，觉得有些地方仍需要改进。现在，这个方案才真正是完美无缺了！"

或许，你的同事也非心存歹意，他也是想尽力把本职工作做好，只不过无意中占了你的劳动果实，如果是这样的话，你只需轻描淡写地把你的构思过程讲述一遍，他便会有所领悟。值得一提的是，你的夸赞千万不能变成对他的挖苦，否则，将适得其反。

2. 不用言语用书信

在有些情况下，面对面地说开极有可能引发一场唇枪舌剑，若是以书信的方式进行沟通，效果或许会好些。当然，写信的主要目的是要委婉地提醒一下对方，自己当初郑重提出的想法，是怎样获得今天这个令人欣喜的成绩。在信中适当的地方，你可以写上有关的日期、标题，可以引用任何现存的书面证据。这能让你有机会再次含蓄地强调一下你的真正意思：这主意是我想出来的。

被同事悦纳的有效说话方式

在争论中取胜的唯一方法就是避免在争论中占上风。

能被同事所悦纳的谈话方式有以下几种：

1. 主动承认错误

主动承认自己的缺点，比让别人批评要心情舒畅。

如果你觉察到同事认为你有不妥之处，或是想指出你的不妥之处时，那么，你就要首先自己讲出来，使他无法同你争辩。相信他会宽宏大度，不计较你的过错，并能原谅你。

所以，如果错了（这是在所难免的）就干脆认错，这种方法可产生意想不到的效果。

所以，当你要同事接受你的观点时，请遵循第这条准则：只要错了，就坚决承认。

2. 耐心倾听

大多数人为使他人接受自己的观点，总爱侃侃而谈，同事之间相处更是如此。应该给别人把话说完的机会，因为他对事情和自己的问题比你知道得更清楚，所以最好是向他提些问题，让他告诉你他认为什么是正确的。

如果你因不赞同他的意见而打断他的话，那是有害的。请不要这么做。在他言之未尽的时候，他会对你置之不理，因此请静心听他把话说完并尽量加以理解。要真心实意地听，要鼓励他把话说完。

法国哲学家拉罗什富科说："如果你想树敌，就设法超过自己的朋友；如果你要朋友，就请为您的朋友提供超过你的机会。"

德国有一句谚语，翻译过来的大概意思是：人们在其嫉妒的人遭受挫折所产生的喜悦，才是真正的喜悦。

有些朋友，他在你受到挫折时比在你获得成功后更高兴，这是完全可能的。最好把自己的成绩看低一些。只要我们能谦虚一些，我们很快就能达到自己的目的。

我们应该谦虚，因为我们自己没有什么了不起的。我们都会死亡并在百年之后就被彻底忘却。如果总是想在别人面前夸耀自己微不足道的成绩，那生活就太没意思了。最好是让别人讲话。请仔细想一想，你有什么值得自我吹嘘的呢？

所以，你如果想要别人依照你的观点办事，请遵照这条准则去做：给他人多说话的机会，自己尽量少说。

3. 在争论中不抢占上风

十有九次的争吵结果是，每人都更加相信自己是正确的。

实际上在争吵中是没有胜利者的。即使你在争吵中占了上风，说到底你还是失败了。为什么呢？即使你是胜利者，那又怎么样呢？你将扬扬得意。但你的对手会怎样？你让他觉得低你一头，你伤了他的自尊心，他当然恼火。而被迫放弃自己观点的人从来都不会因此而改变自己的初衷的。

佩恩·马尔特霍人寿保险公司为其代理人定下的规矩是：不许争吵。

说服某人并不意味着要同他争论。说服人同与人争吵毫无相同之处。争吵不能改变别人的看法。

好好思考一下，你更想看到什么呢，是想得到表面的胜利还是人的同情？二者兼得的事是很罕见的。

在争论中你的意见可能是正确的。但要改变一个人的看法，你的努力大概会是徒劳的。

因此，我们应牢记这一点：在非原则争论中要给予同事取胜的机会。误会是不能靠争吵消除的，它只能靠接触、和解的愿望和理解对方的真诚心愿。

有一次，林肯批评了一个年轻军官，原因是他同自己的一个同事进行了激烈的争吵。林肯说："任何一个想要有所作为的人，都不应在和人争吵上浪费时间,这不是说他不应该允许自己发火和失去控制,而是说在重大问题上如果你感到你和对方都正确,那你就应该让步;在枝节问题上即使你明明知道对方不对,你也应该让步。"

所以,当你与同事发生争论时,请懂得这条准则:在争论中取胜的唯一方法就是避免在争论中占上风。

用恰当的话消解下属的怨气

由于种种原因,你的下属可能满怀怨气,那么,身为领导,如何说话,才能让下属消解心中的怨气,而又不失自己作为上司的尊严与威信呢?

1. 主动自责

谁都有犯错的时候,不要以为自己是领导,就高高在上,当自己说错话,办错事时不妨主动承认自己的错误,只有这样才能让员工消解怨气,让自己树立威信。

彭德怀任国防部长时,有一次来到东海前哨的一个炮兵阵地视察。负责同志对敌方情况掌握不透,惹得他心里不高兴。后来又发现弹药库竟然修在阵地前沿,禁不住大光其火,扬言要将团长"撤职,送军法处"。说得团长憋了一肚子的怨气。吃晚饭的时候,彭总叫身边的同志把团长找来,说:

"我今天又说错了话,不该说把你'撤职','送军法处'。其余的都对,你认为不对的,可以批评我,不能赌气不吃饭啊。"

彭总主动向团长承认自己说错了话。其实，从工作出发，他的火是发对了，理和势都在他这一边。但是从部队团结、官兵关系着想，他的"我今天又说错了话"的自责，无疑给广大官兵留下了严格自律的印象，从而激励官兵提高军事素质，始终保持常备不懈的清醒头脑。作为国防部长，他的自责不仅消解了当时那位团长的怨气，给那位团长留了台阶，还给所在部队留了台阶。这个台阶不是让其下去了事，更重要的是下了台阶之后的发奋努力。

当下属因为你过激的批评而心怀怨气时，能主动找到下属，作真诚的自责，实际上就是传达一种体贴和慰藉，责的是自己，慰的是下属。这有利于在对方本已紧凑的心理空间辟出一块"缓冲地带"，让命令得以执行，工作能够顺利地开展下去。

2. 晓以利害

某市无线电厂由于长期亏损，债台高筑，濒临破产。这天，该市电视机厂对无线电厂实行有偿兼并的大会在无线电厂举行。上千名职工感到耻辱，坚决反对兼并，愤怒的人群争吵着，吼叫着，吹口哨，鼓倒掌，场面十分混乱。

这时，电视机厂的吴厂长扯大嗓门对陷入失控状态的人群喊道："我告诉你们一个事实：到下个月工商银行的抵押贷款就要到期，无线电厂马上就要破产，上千名职工就要失业！难道你们愿意这个具有几十年历史的我市唯一的收录机专业生产厂家破产吗？难道我们厂上千名职工情愿失业，重新到社会上待业吗？请问，谁能使无线电厂不破产？谁能使上千名职工不失业？是能人，请站出来说话，有高招，请拿出来！你们反对兼并，拿出主意来！"

愤怒的人群渐渐地开始静了下来，他面对着上千双翘首以待的眼睛，接着说：

"我吴某人不是资本家，是国家干部。就我个人而言，叫我兼并无线电厂，我才不干呢！我又何必自讨苦吃？可我是共产党员，看到国家受损失，我于心不忍啊！"

这时有人站起来说："我要问你，你能保证我们不失业，无线电厂不破产吗？"

刘厂长说："有些同志对我不信任，这是可以理解的，因为不了解嘛。请大家放心，从并厂后第一个月起，如果再亏损，由我吴某人负责。我和大家同舟共济。如果要下海，我第一个带头跳！至于具体办法，我这里就不说了！"

这时，全场爆发出雷鸣般的掌声。在当时骚乱的情况下，面对愤怒的人群，训斥制止都不行，婉言相劝想必也不行。这时，吴厂长直言并与不并的利害得失，终于打破了人们的认识障碍，镇住了混乱的场面，又消解了大家的怨气。

下属与上司的一个不同之处在于，上司除了关心自己的利益之外，更应该关心单位的整体利益，而下属却有权关注自己的切身利益胜过关注整体利益。因此，对下属说话应该常记住"晓以利害"这一技巧，当他们对某件事有与单位上司不同的想法时，作为上司的你就应该明智地对他们做一番权衡利弊的分析，只有让他们觉得你的决定才是真正有利于他们切身利益的时候，他们才会真正地消除不满，转而支持你的工作。

3. 抓住实质

冯玉祥当旅长时，有一次驻防四川顺庆，与一支"友军"发生矛盾。这支"友军"将骄兵惰，长官穿黑花缎马褂，蓝花缎袍子，在街上招摇过市，像当地的富豪公子模样。有一天，冯玉祥的卫士来报：

"我们的士兵在街上买东西，他们说我们穿得不好，骂我们是孙子兵。"

冯玉祥看到自己穿的灰布袄，便说：

"由他们骂去，有什么可气的。这正是他们堕落腐化，恬不知耻的表现！"

为了避免士兵们由于心里不平衡而生闷气，冯玉祥立即集合全体官兵，进行训话：

"刚才有人来报，说第四混成旅的兵骂我们是孙子兵，听说大家都很生气，可是我倒觉得他们骂得很对。按历史的关系来说，他们的旅长曾做过20镇的协统，我是20镇里出来的，你们又是我的学生，算起来，你们不正是矮两辈吗？他们说你们是孙子兵，不是说对了吗？再拿衣服说，绸子的儿子是缎子，缎子的儿子是布，现在他们穿绸子，我们穿布，因此他们说我们是孙子兵，不也是应当的吗？不过话虽这么说，若是有朝一日开上战场，那时就能看出谁是爷爷，谁是真正的孙子来了！"

几句话把官兵们说得大笑起来，再也不生闷气了。冯玉祥正是抓住了问题的实质，即军队就是比赛打仗的，而不是比赛穿衣服的，因此他把手下人说得心服口服。

当下属心怀怨气的时候，单纯劝导难以起到真正的作用，只有把他们心中的"怨结"打开，才能让他们豁然开朗。而打开"怨结"关键就是抓住令他们生气的问题的实质，带领他们走出思想的误区。

不要让部下对你产生敌意

身为领导，有时不免颐指气使，让部下感觉不愉快，这是造成领导与员工彼此对立的重要原因。因此作为领导，对员工说话时，注意方式、掌握分寸很重要。

老板不应当仅仅看到部下的工作情况和成绩，还应当了解他们内心的烦恼。因此，老板讲话时要极为慎重，注意不要伤害部下的感情。

老板的讲话与提问的方式是极为重要的。如果掌握不好的话，就可能使部下与你产生对立。

老板可以通过经常鼓励部下积极工作的方式来消除彼此间的对立。而且，这样做还能让部下全部发挥出自己的能力来，从而为企业培养出优秀的人才。

产生对立的谈话方式是：

老板：喂，你最近的表现可不太好啊！部下：可是我已尽最大努力了。

老板：努力？我怎么看不出来你在努力。部下：我难道不是在工作吗？

老板：你怎么能用这种态度说话？部下：那你要我怎么说呢？

老板：你太自以为是了。这就是你的问题所在。

不会产生对立的谈话方式是：

老板：喂，最近表现的可不太出众啊，这可不像是你一贯的作风。部下：我已经尽最大努力了……

老板：是不是有什么心事？部下：实际上……（妻子住院了）

老板：是吗！你怎么不早说，家里出了事理应多照顾，要不就先请几天假，好好在家照顾一下病人。部下：好在已经没有什么大问题了。

老板：噢，那就好。如果有什么困难尽管来找我。

在这里，老板表现出了体贴部下的心意，又注意不要强按人低头，所以部下还是十分感激的。但是如果老板说服部下的方法不对，对方会对你产生敌意。这种情况，多发生在谈话之前对对方怀有不满和厌恶的时候；也可能是你过于急躁逼人认错的结果。所以首先避免以上两种容易产生敌意的态度。另外，对方情绪过分激动，其是非的判断力、意志的驱动力都会变得"模糊"，处于抑制状态。在这种情况下，任何"强攻"都难奏效。不如暂停说服工作，告诉对方，好好休息，下次我们再慢慢谈。停一停再谈，这对扭转认识，稳定情绪具有很大作用。心理学研究发现，某一件事在头脑中形成强烈的刺激反应，一时无法抑制，但睡了一觉，这种情绪会淡化，这就是"睡眠者效应"。昨天看来已处于"山重水复疑无路"的说服工作，到了第二天再谈，就可能出现"柳暗花明又一村"的新局面。

老板说服部下，目的是使对方跟自己走。光是自认为理由充足可不行，还要了解对方的心理特点，使对方心甘情愿听你的，一切都由你做主。古希腊哲学家苏格拉底认为：他从来没有要教训别人什么，他只像一个灵魂的催生婆，帮助人们产生自己的思想观点。看来，老板也很有必要掌握这种"催生"的艺术。

运用漂亮语言令下属服从命令

如果你是领导，你在运筹帷幄制定了工作方案之后，一定不愿让它成为没有现实意义的海市蜃楼。那么，你必然会把你的方案传达到下属那里，并让他们付诸实施。如何使你的下属服从命令呢？有经验的领导会用好口才去激发下属接受任务和完成任务。

1. 指导和激励

帮助解决问题和创造成绩是最佳的方式。一般人希望领导是帮助他们提供方法、解决难题的导师，是他们创造成绩、争取进步的牵引者，而不希望领导是不懂装懂的蹩脚传令官。当你所领导的下属在各个方面都有比你突出的专长时，你的技术指导似乎苍白无力。然而不要怕，更高明的方法不是直接的技术指导，而是帮助你的下属找到创造成绩的契机，通过激励他们实现人的成功欲望，让他们心甘情愿地实施你的方案。

比如，某单位接受一个科研新项目，有些人觉得领导是在惹麻烦。领导不动声色地在例会上讲："大家都知道，咱单位都是年轻人，谁也不会不想进步。但我昨天碰到一位老同志，他苦恼地对我讲，他一生虽算一头老黄牛苦苦干过来，可是遗憾没有科研成果，结果职称很低，到老也没什么好骄傲的。同志们，这位老同志的话给我很大的启发，我们在工作的同时不能不创造条件搞科研项目。所以，我向上级领导申请了一项科研任务……"说到这里，他已经把大家的成功欲望激发起来，"惹麻烦"的念头烟消云散，领导的科研方案顺利落实。是的，一方面以事晓之、以理服之、以法示之，另一方面又以情动之、以利导之、以气鼓之，要让下属言听计从，已有80％以上的把握了。

2. 讲明利害

有些人偏偏会在你任务很急的时候，因为某种偶然的原因拒绝接受任务，怎么办呢？有经验的领导会讲明利害，不动声色地强制执行。如某厂想调一名政工干部去营销部，该干部闹了情绪，厂长找他谈话："咱厂近来按制度让几位干得不好的干部闲置起来做待聘处理，你不会不知道吧？你有口才，我决定让你到营销部闯一闯，你如不去，可没其他机会了。"在竞争激烈的今天，被闲置就是竞争失败者，厂长的一番话，政工干部脸红了，心知利害，服从了厂部安排。

3. 巧用激将法

对有些人，你使用一下激将法，也能取得意外的好效果。军营指挥官一句："你敢立下军令状吗？"叫多少热血将士冲锋陷阵，立下赫赫战功；经理一句："你就不能胜过××，去争取最高工资？"叫多少技术人员苦攻难关，创造惊人效益；而教师们运用激将法转化一些顽皮学生就不胜枚举了。又如，有位领导见一位年轻下属正在抓一个车间的改革试点，故意激他道："你这么点年龄，行吗？"年轻人答道："基本完成任务了，请领导验收吧！"领导见状，又有意激道："车间只是个小单位，你要能把咱厂的改革搞成功，我就服你！"年轻人红了脸："能让我试试吗？"领导于是让他当业务副厂长，年轻人竭尽全力开始他的改革方案……领导满意地笑了。

批评下属的技巧

斥责部属是一件很不容易的事情，斥责得不当，不但达不到原来的目的，有时还会让部属感到灰心失望。那么如何斥责部属才能达到预期的效果，而又能让他欣然接受呢？

1. 冷静地处理

盛怒时，多数人都是面红耳赤、颈暴青筋。过度的生气，往往会使人失去理性。以致一些严重伤害对方的，不应该说的话也会说出来，这些都值得我们借鉴。怒气冲冲时，不可因情绪激昂而破口大骂，应冷静并选择有效的斥责技巧，才是正确的方法。

一位幼稚园的老师曾经说过："以声音来惊吓小孩，是非常不明智的举动。"当小孩受到惊吓后，为了防止再受伤害，会逐渐地把一些失败或不良行为转明为暗。好不容易才养成的健全身心，因此产生变异。所以，当家长因某事而盛怒时，不妨先握紧拳头并放入口袋中，数1、2、3、4……当怒气被平息下来之后，便能以理性来处理了。

被人批评："笨蛋！""叫你做事，害我晚上都睡不着。"相信你也会想："既然如此，一开始就不要叫我做。""你是垃圾，你家人也一样。前几天打电话去，那是什么礼貌啊！""看一个人的生活起居，就可以知道他是什么样的人。所以，我知道当你失败的时候，一定会找借口推脱。"伤害他人自尊心的话，不加思考就讲出来，对谁都没有好处！应该冷静地分析什么应该说、什么不该说之后，再平心静气地向对方说明。

2. 场合的考虑

一次商务宴会上，罗伯特遇到了这样的一个场景。

那是一家公司的圣诞晚会，但事实上受到邀请的人都是与公司有生意往来的合作伙伴，所以这个晚会相当于一个非正式的商务宴会。公司的一个高级职员穿了一件不够得体的晚礼服，与罗伯特谈话的公关部经理看到后马上中断了和他的对话，走到那个职员面前：

"你怎么穿这样的衣服来了？"经理的声音不大，但还是有人能听到。

"对不起……之前准备好的衣服不小心剐坏了，所以就……"

"那也不能穿这样的来吧？"经理嫌弃地看着职员身上的衣服，"简直是丢公司的人。"

面对咄咄逼人的经理，那个职员的脸色越来越难看。

"不要再解释了，马上去给我换一件，要么就离开这里，不要再在这里丢人了。"

被说得无地自容的职员只好狼狈地离开了会场。目睹这一切的罗伯特觉得这个经理做得过分了，他想这个经理应该不会在现在的位置上待很久的。果然，几个月后，这个经理被公司调到了外地的分公司，理由是无法和下属很好地相处。

批评时要考虑环境是否适合，这不仅仅是指不要在人多的场合中批评说教，还有其他的一些情况下，你也应该多加注意，以免让人产生逆反心理。

3. 明确地指出重点

大家都知道，没有一件事会比听人说教更难过，尤其是一开口便是这个也讲、那个也骂，到最后仍使人弄不懂到底是做错了什么。所以，斥责对方时，必须针对错误的事项，提出自己的想法与意见，其余的一些小问题都可暂时不予理会，而就重点斥责。这也是能令对方印象深刻的最佳方法。冗长的说教，除了功效不佳之外，最后还有可能造成双方不和。

4. 因人而异地批评

批评的方式，必须要先看对方是属于什么类型之后，再下决定。个性较温和的人遭人大声怒吼时，只会一味地退缩和保护自己，无法专心听人说教。而个性刚烈的人，则往往会因对方的斥责而亢奋，无法忍气吞声，结果，通常都会采取强硬的反驳手段，或因而更奋发图强。

"笨蛋！你到底在想些什么？不要以为是新人就可以不负责任，拿回去重写！"

遭到上司批评的 A 先生，心想："有什么了不起！"于是下定决心奋发图强："有一天等我超越你之后，再看你怎么斥责我。"所谓强将手下的人个个精明能干，就是这个道理。一再遭到他人的批评，却不愿认输投降的品质，往往都是出现在斗志高昂的人身上。而斗志不充足或是遇上麻烦就习惯性退缩者，通常在此阶段就因此而遭到淘汰的命运。

也有些人是属于工作效率高，但个性柔弱的，那么此时就该采取温和式的斥责。例如，将手轻搭在对方的肩上："喂——最近表现欠佳，好好加油！"以不惊吓到对方的程度给予警告性的斥责。

就如以上所说，批评要谨慎又谨慎，先考虑对方是属于何种类型后，再决定应该采取的方式。

表扬下属要有方法

很多领导都可能会犯这样一些错误：明知下属有成绩却很少表扬；该表扬员工时却批评，以为这样更能激励员工。古人指出，"求将之道，在有良心，有血性，有勇气，有智略"，对于那些忠义的下属，一定要大胆表扬施恩，以鼓励他们的忠心。但表扬员工时，一定要注意以下几点：

1. 要具体，切忌含糊其辞

表扬本来是激发热情的一种有效方法，但有时运用不适宜则会使下级反感。因此，中层领导在谈话中表扬下级时应斟酌词句，要明确具体。比如，有些领导者赞扬下级时使用这样含糊的评价："你是一名优秀工人"，"你工作得很好"之类。其实，以这种方式表扬是毫无用处的，因为他们没有明确赞扬评价的原因。有时部下甚至会因此而产生误解、混乱和窘迫，乃至关系恶化。一般认为，用词越是具体，表扬的有效性就越高，因为下级会因此而认为您对他很了解，对他的长处和成就很尊重。

举一个例子，克莱斯勒公司为罗斯福总统制造了一辆汽车，因为他下肢瘫痪，不能使用普通的小汽车。工程师钱柏林先生把汽车送到了白宫，总统立刻对它表示了极大的兴趣，他说："我觉得不可思议，你只要按按钮，车子就开起来，驾驶毫不费力，真妙。"他的朋友和同事们也在一旁欣赏汽车，总统当着大家的面夸奖："钱柏林先生，我真感谢你们花费时间和精力研制了这辆车，这是件了不起的事。"总统接着欣赏了散热器、特制后视镜、钟、车灯等。

换句话说，他注意并提到了每一个细节，总统知道工人为这些细节花费了不少心思，总统坚持让他的夫人、劳工部长和他的秘书注意这些装备。

2. 抓住时机

在与下级的谈话中能把握住有利时机去表扬对方，其效果可能是事半功倍，失掉有利时机，其效果则可能是事倍功半。一般说来，部下开始为他办某件有意义的事情，就应在开头予以表扬，这是一种鼓励；在这种行为的进行过程中，中层领导也应该抓住时机再次表扬，最好选在他刚刚取得一点成就的时候约谈一次，这样有助于您的下级趁热打铁，再接再厉。另外，请不要忘记，当他的工作告一段落并取得一定的成绩时，下级期望得到您的总结性的公开表扬。当然，在与下级交谈中，表扬也是有"度"的，适度表扬将会使您的下级心情舒畅，反之，则可能使他感到难堪、反感。因此，中层领导在讲话中必须从内容方式等诸方面把握好这个"度"。在上下级的语言艺术中，表扬总是"点石成金"之术，但它仍需根据不同情况巧妙运用，只有恰当适宜的表扬，才能在交谈中架起"心桥"，使上下级关系更加和谐。

3. 多表扬对方才华

希腊有句谚语："使人幸福的不是体力，也不是金钱，而是正义和多才。"才能，是一个人区别于他人的最明显的标志，是他幸福的源泉之一。我们表扬一个人，就要深深地打动他，而最能打动他人的表扬，莫过于对其才能的认可和高度评价。

我们周围不乏才华横溢之人，有的人有能言善辩的口才；有的人能潇潇洒洒，妙笔生花；有的人善发明；有的人演技高超……诸如此类的才华都是有价值的表扬题材。

4. 放下架子

放下"架子"表扬下属可以用谦虚、真诚的姿态来表现。

秦穆公得知百里奚是个人才，就想方设法用5张羊皮把他从楚国的囚牢里赎出来。

此时的百里奚已经是年逾七十的长者。当把他带到秦穆公面前时，秦穆公亲自为他打开囚犯的镣铐，尊之以上座，并向他求教治国之策。

秦穆公的行为使百里奚感到受宠若惊，推辞道："下臣乃亡国之臣，还有什么值得您垂问的。"缺乏信心的百里奚语气里透着伤感和自卑。

秦穆公恳切地说："虞君不信用您，所以才招致亡国之祸。这并不是您的罪过呀！"

秦穆公通过剖析虞君之过巧妙地表扬了百里奚的政治才能，鼓励了他的信心，而秦穆公诚恳、谦虚的求教态度，更是对百里奚治国之才干的无声表扬。真挚的表扬使百里奚鼓起了信心，大为感动，与秦穆公连续3天交谈了自己的治国施政主张。

5. 少说"我"，多说"你"

少说"我"、多说"你"的表扬原则，主要是指要使对方始终成为你们谈话的重心，你可通过表示欣赏、求教等方式来显示你对对方的由衷赞叹。你要善于分享他的欢乐，肯定他的成功，为他所骄傲的事情喝彩。总之，你要使他得到在别人那里得不到或未被满足的某种心理需求。使对方感到被关怀，自我价值得到某种实现。

对领导说话不卑不亢

有的下属对领导唯马首是瞻，即使领导做错了，还佯装欢笑，卑躬屈膝，违背原则说一些子虚乌有的话。如果是非常精明的领导，这种人是很难得到重用的。因为这种人一般并没有什么真才实学，不仅很难成事，还经常会坏事；而且这些人把利益放在第一位置，现在他可以违背自己的良心说对你有"利"的话，明天也可以干出对你不利的事来。

作为下属，在和领导讲话的时候既不能肉麻地拍马屁，也不能让领导感觉被压制，下不了台，也就是要不卑不亢。

当在领导面前处于不利境地时，如果为了迎合领导，讲了假话，那就违背了自己的内心，也未必会得到领导认可。在这个时候如果讲究点儿技巧，不卑不亢，既讲了真话，不违背自己的本心，又能使对方接受，岂不是一举两得。下面就是这样一个例子：

宋代有一位大臣，为官公正，为人刚正不阿。他年轻时四处游学，机缘巧合，竟然认识了微服私访的当朝皇帝。皇帝心血来潮，写了字画了画拿去卖,只可惜水平实在不高。这位青年告诉皇帝,他的画只值1两银子。皇帝听了既不服气又生气,但也不好发作。

第二年这位青年进京赶考,高中状元,成了天子门生。觐见皇帝时才发现,原来当年卖画的老兄竟然是皇帝,皇帝也认出了他。皇帝屏退左右,只将这位大臣留了下来,拿出当年只值1两银子的那幅画,问道:"卿家认为这幅画价值几何?"

这位大臣赶紧前进一步说道:"这幅画如果是陛下送给微臣的,那就价值万金,因为无论陛下送的何物,对微臣来说,都是无价之宝。但如果拿去卖的话,这幅画就值1两银子。"

皇帝听了,不禁拍掌大笑,知道自己有了一位才学渊博、品行端正的忠心之士。

这位大臣在这里并没违背自己的本意,而是讲了真话,这种不卑不亢的巧妙表达,也使皇帝觉得在理,因而也非常高兴。

对于有些涉及领导者的棘手问题,为了给对方留一个面子,同时恰当地维护自己的尊严,就要巧妙区分,从不同的角度来解决,这一招儿通常都是很灵验的。

不卑不亢只是一种说话手段,运用它的关键是理直而气壮,只有在领导面前大胆地说出应该说的话,才能不致弄巧成拙,惹领导不快。

如何面对上司的批评意见

作为一个下属，在很多情况下，都会有被老板批评的时候。比如自己做了错事，自己受到污蔑，老板不了解情况……甚至老板心情不好或看不惯你，你都可能在老板那里品尝批评的滋味儿。

不管你是因为什么原因被老板批评，你都应该遵循下面的原则：

1. 认真倾听，让老板把话说完

如果你的老板批评你，不管批评得对还是不对，千万不要打岔，要静静地听老板把话说完，即使有些话很不好听，你也要认真地听。同时，你一定要注意你的非语言因素，也就是要注意你的动作、表情，千万不要让老板感觉到你不愿意继续听下去。正确的做法是：目光直视老板的目光，身体稍微前倾，面部表情要和善，充分表明你在很认真地听取他的谆谆教诲。这就是我们所说的倾听。

在一般情况下，如果老板批评不当，你可以进行恰当的"辩解"，可是必须建立在你自己充分认识到老板的正确性的前提之下，而不是文过饰非，胡搅蛮缠。

当然，最好是不要进行辩解，特别是对那些细枝末节的或无法弄清楚的事情，最好是保持缄默。

2. 充分肯定，感谢老板的诚意

不管老板的批评是不是有理，作为下属，首先至少必须在口头上对此表示充分的肯定，表现出你接受批评的诚意。

如果老板对你的批评是出于一种诚意，你的态度是会让他感到欣慰和满足的，从而老板的态度也会渐渐缓和下来；如果你的老板是另有目的，那么，一般来说，你表现出来的礼貌和涵养，也会使他感到心虚，从而表现出不自然。

如果采取了这些方法，你就可以从老板的反应中分析出是善意还是恶意。千万不要暗示老板，认为他的批评是出于某种不良的因素。如果这样，你和老板之间就会产生更深的隔阂和误解，对于一个下属而言，这是极为不好的。因为如果老板确实出于某种不良的动机，那么他更会因为你的这种暗示而产生更多的不良动机。这样你就很危险了。

3. 退后一步，请老板说得更清楚

作为一个优秀的下属，当老板批评你的时候，你应该静下心来，最好能让老板说出他批评你的理由。研究证明，这种方法有利于你了解老板的真正动机和事情的真相，从而找到更有效的解决问题的方法。

研究发现，有个别老板批评下属的时候，很难做到就事论事，而是或含糊其词，或借口传言，或明话暗说，让下属捉摸不透。遇到这种情况，你就应该让老板把想说的话都说完，他说得越多，你就会洞察到更多的真相，找到更多的解决问题的办法。

俗话说，言多必失，通过老板的说话、从自然而然的流露之中，就会发现很多原先他本来不说的真实想法，这样你就因此能捕捉到事情的缘由。

下属尽量采用认真、低调、冷静的方法对待老板的批评，一般不仅不会损害你们之间的关系，而且还会增加你们之间的沟通，可能还会因此使关系变得紧密起来。

4. 不要顶撞，使老板感到受尊重

作为下属，老板之所以批评你，就是因为他认为你有他值得批

评的地方。聪明的下属是很明白这一点的，他们会善于利用老板的批评，从中化害为利，化腐朽为神奇。同时，不顶撞老板，就是对老板的尊重，很多老板都是会因此感激你的。如果老板是借你杀鸡儆猴，你的这一招儿可能比获得表扬还要有效。

因此，即使老板的批评是错误的，下属只要处理得好，很多时候，坏事也会变成好事。很多老板都会认为，"这个人很虚心，没脾气，能成就大事"等，可能因此就把你当成亲信，作为接班人。

而下属如果"老虎屁股摸不得"，动不动就牢骚满腹，那么，你虽然可以获得一时痛快，可是往往都会和老板的关系进一步恶化，会认定你"批评不得""不谦虚""目中无人"，因而得出了结论"这人重用不得""当个下属尚且如此，当了老板要吃人"。这样的后果比批评本身要严重得多。

当面顶撞老板更是一种匹夫行径，"匹夫见辱，拔剑而起"，这是不可取的，因为这不仅仅使老板大丢面子，连下属本身也下不了台，这是一种鱼死网破的行为。

5. 不做申辩，让老板认为你有度量

老板批评你几句，这没有什么了不起，又不是什么正式的处分。因此，你完全没必要申辩，一定要弄出一个谁是谁非。

被批评会使你的心头感到难受或使你在别人心里的印象受到损害。可是如处理恰当，老板会产生歉疚之情、感激之情，你不仅会得到补偿，甚至会收到更有利的效果。这与你面子上损失一比，哪头轻哪头重，显然是不言自明的。

并且，在别人的心目中，你能够有理让三分，这是一种很高的修养，是很容易得到大家尊重的。

反复强调理由是没有必要的，因为如果你反复纠缠，得理不让人，一定要把事情搞个水落石出，老板就会认为你气量狭窄，斤斤计较。

这样的人，老板怎能委以重任呢？

通过大量的观察发现，老板批评下属的时候，最希望的是下属服服帖帖、诚恳虚心地接受批评，最恼火的是下属把老板的批评当成了"耳旁风"，依然我行我素，屡教不改。

按照一般情况，老板是不随便批评下属的，所以站在下属的立场，应该诚恳接受批评，从批评之中悟出很多道理。

因此，不应该把批评看得太重，认为自己挨了批评前途就泡汤了，因而强作申辩，或工作打不起精神，这样最让老板瞧不起。

把批评看得太重，老板就会认为你气度太小，他可能因此不会再指责你了，但是他也不会再信任和器重你了。

如何做到不越位

在与上司的相处中，尤其在工作的时候，你应该摆正自己的位置，应该站在自己的职位上去为上司出力，做到不越位。

越位的表现有多种，平时行事就要多加注意。

1. 决策的越位

在有的企业中，职员可以参与决策，这时就应该注意，谁做什么样的决策，是要有限制的。有些决策，职员可以参与意见，有些决策，职员还是不发言为妙。如果是该由老板来做的决策，你代劳了，那等于是脱了皇帝的龙袍自己穿，无视上司的存在，那你的日子还长得了吗？

韦恩年轻干练、活泼开朗，入行没几年，职位"噌噌"地往上升，很快成为单位里的主力干将。几天前，新老板走马上任，下车伊始，就把韦恩叫了过去："韦恩，你经验丰富，能力又强，这里有个新项目，你就多费心盯一盯吧！"

受到新老板的重用，韦恩欢欣鼓舞。恰好这天要去北京某周边城市谈判，韦恩一合计，一行好几个人，坐公交车不方便，人也受累，会影响谈判效果；打车吧，一辆坐不下，两辆费用又太高；还是包一辆车好，经济又实惠。

主意定了。韦恩来到老板跟前。"老板，您看，我们今天要出去，"韦恩把几种方案的利弊分析了一番，接着说，"所以呢，我决定包一辆车去！"汇报完毕，韦恩发现老板的脸不知道什么时候黑了下来。他生硬地说："是吗？可是我认为这个方案不太好，你们还是买票坐长途车去吧！"韦恩愣住了，他万万没想到，一个如此合情合理的建议竟然被打了"回票"。

"没道理呀！傻瓜都能看得出来我的方案是最佳的！"韦恩大惑不解。

在老板面前最忌讳说的一种话就是"我决定如何如何"。如果你想要做什么样的决定，一定要采用引导的方法，结论要让老板自己说出来。

2. 表态的越位

表态，是表明人们对某件事的基本态度。表态要同一定的身份密切相关。超越了自己的身份，胡乱地表态，是不负责任的表现，也是无效的。对带有实质性问题的表态，应该由领导或领导授权才行。而有的人作为下属，却没有做到这一点。上级领导没有表态也没有授权，他却抢先表明态度，造成喧宾夺主之势，陷领导于被动。

3. 干工作的越位

哪些工作由你干，哪些工作由他干，这里面有时确有几分奥妙。有的人不明白这一点，有些工作，本来由领导做更合适，他却抢先去做，从而造成干工作越位。

4. 答复问题的越位

这与表态的越位有些相同之处。有些问题的答复，往往需要有相应的权威，作为职员、下属，明明没有这种权威，却要抢先答复；会给领导造成工作的干扰，也是不明智之举。

5. 某些场合的越位

有些场合，如与客人应酬、参加宴会，也应当适当突出领导。有的人作为下属，张罗得过于积极，比如同客人如果认识，便抢先上前打招呼，不管领导在不在场。这样显示自己太多，显示领导不够，十分不好。

在公开或正式场合，一般的上司都喜欢下属称赞自己，讨厌下属抢镜头、抢次序。尤其是一些上司平时与下属走得过近，界线不分明，平常嘻嘻哈哈、随随便便，甚至称兄道弟，把下属惯坏了，下属心目中的"上司意识"淡薄了，一遇正规场合就可能伤害上司的尊严。

在一次宴请客户时，某公司设宴款待王经理和他的几个下属，就座时年轻的蒋某也没考虑，就抢先一步坐到主宾位置上大吃大喝，王经理只好屈居二位，心里很恼火。事后狠狠地把蒋某大骂一顿，说他能力低下，只知吃喝。不久蒋某便被解聘。

在工作中，"越位"对上下级关系有很大影响。下属的热情过高，表现过于积极，会导致领导偏离帅位，大权旁落，无法实施领导的职责。因此，领导往往把这视为对自己权力的严重侵犯。

拒绝老板有理由

任何事情有其结果，必有其起因。当老板的意见不正确，需要你拒绝的时候，一定要提出你拒绝的理由。

平白无故地拒绝老板的意见或者老板要你做的事情，如果不说出理由，是极端不礼貌的行为。

在拒绝老板的时候，要注意以下几点：

1. 态度要明确

当老板有了指示或者命令的时候，如果你持不赞同的观点，不要明确地表示拒绝，不要直接地说出"行"或者"不行"，要持有一种保留的态度。持有保留的态度可以避免引起老板的不快。

你的最终目的还是要拒绝老板的不当指令。但是这样做绝对不是说对老板的任何指示或者命令都要持有一种既非"肯定"，也非"否定"的暧昧态度。相反地，为达到拒绝的目的，最重要的一点是，事先就要明确地决定自己的态度，之所以这样做是为了拒绝老板，不要改变自己的初衷。

有些问题十分重要而又复杂，无法当场决定采取"肯定"还是"否定"的立场，这时为了有所保留，不招致老板的不快，就要说：

"我想这个问题很重要，请让我多考虑一些时候。"

"现在一时说不出所以然来，无法给你马上答复，请给我两天的时间。"

此时，表现得模棱两可，则是必要的，关键是争取缓冲的时间，以便仔细考虑。

鲁迅曾说过："犹豫要走哪一条路的时候，应该好好地定下心来，花费足够的时间以选择要走的路。"

这可看作有关决断的有益训示。

2. 善于辩解和找借口

作为下属，既要懂得拒绝老板，还要知道该如何让老板通过你的拒绝而欣赏你。

要想做到这一点，就要善于"辩解"和"找借口"。

"辩解"是"辩明理由让对方了解"以推动工作，而不是推诿责任，它是对自己言行负责的人应有的正确态度。在工作当中，有的人会因为认为"辩解是有失面子的事情"，而保持沉默，这样做的最终结果是失去自己的主见，也是对自己的工作不负责任的表现。

当然，如果为了保护自己而拼命地辩解，也是不好的。

正确的做法应该是，主动说明原因，提供情报，说明不能够做的理由，绝不仅仅是只要保护自己，这才是最好的方法。

一般来说，下属找借口时说话都是慢吞吞或犹豫不决的，同时语调也会变得低沉，但如果是堂堂正正地说明理由时，态度便会热忧而明快，语调也会开朗爽快。

向老板说明拒绝的理由时，要口齿清晰，态度明朗，如果在讲话的时候语调低沉、态度畏畏缩缩，老板就会认为你是在找借口。

3. 要在拒绝当中成长

作为公司的下属，常常会遇到这样的事情。当老板在某些场合听到一些工作上的新方法后，马上就会在自己的部门实施，于是就督促下属说："我想在我们的部门，用这种新方法来进行工作。"如果本部门适合这样的工作方法还好，但如果本部门的确不适合运用这种新的工作方法，这样做无疑是增加工作难度，这个时候，有的下属就会在私下里发牢骚。认为老板这样做是强人所难，也不管行不行得通，就将原来的工作秩序打乱。

发牢骚终归是发牢骚，不能解决任何实际的问题。这时，要想让老板打消这个念头，除非有人勇于拒绝上级或老板的新花样，让他说出"是这样的吗？"如果不是这样的话，就只有接受领导的这个新花样。

在实际工作当中，照正常情况，一个公司如果想采用一种新的工作方法，应该由组长一类的下层负责人根据实际情况决定是否采用，而不应由老板来考虑。可是如果一旦老板心中有了某种打算，要想消除将是十分困难的。

那些绞尽脑汁想要设法说服老板的人，可以从中培养自己的某些能力。

当你认为老板的计划不可实施而加以拒绝的时候，在拒绝的过程中，你或许能发现老板计划好的一面，而从中认识到从前没有发觉的老板的另一面，这对于你和老板之间加深了解不失为一件好事。

以上的情况说明，即便下属在拒绝老板的过程中或许最终反而被老板说服，但自己却会因为受到老板的影响而得以成长。在"拒绝"的时候，下属可以得到很多实际的锻炼，这包括胆量思维的敏捷性、口才的发挥，等等，从而促使自己成长，所以，作为下属，如果想在工作中做出成绩，就要学会拒绝，并勇于拒绝，当然，拒绝也必须是有理有节的，而绝不是无理取闹、更不是胡搅蛮缠的。

4. 拒绝的最终结果还是要尊重老板的决策

下属在工作的时候，如果老板提出的计划是无论如何也行不通的，这时，下属对老板的命令是不是非服从不可呢？经验告诉我们，作为下属，你必须服从老板的最后决定，听从老板的意见，因为这个时候，最终要负责任的是老板。

这个时候如果你一意孤行，明目张胆地反对老板的决定，置老板的决定于不顾，按照自己的想法去做，是绝对行不通的。

这个计划如果执行，十有八九会失败，且会造成重大损失，作为下属，就要考虑，是否也非服从不可。下属要如何作最终判断呢？依照下面方式思考才是正确的态度。

自己的意见显然是正确的，而老板却断然不肯接受时，原则上应先让老板了解你是出于公心，是为工作着想，并且是在万般无奈的情况下才反对的，然后去实行老板的命令。假如你认为按老板命令去做，会对企业的利益造成难以弥补的重大损失，在情况十分危急的紧要关头，你可以以辞职为手段，"要挟"老板取消其命令。当然，这得有个前提条件，即你是一个在工作中老板离不开的人，或这个命令老板只能依靠你去执行。如果不是这样，则可以假意接受下来，但在执行中让它走样，变形，从而使它的危害性变小或没有。

总之，作为一个负责任的下属，作为一个充满正义感的下属，要牢牢记住，在任何情况下，都应该把企业的整体利益放在首位。你如果这样做了，即便老板误解了你，但在事实面前，最终他还是会认识到你是正确的。到时，他就会万分地感谢你，因为是你的坚持，或是你的"胡作非为"才免除了一场重大损失，也才免除了他的灾难性后果。

当下属的就应该说下属该说的话

职场上的人际关系比较复杂，作为下属，在上级面前说话更应该有分寸。

在越来越强调"团队合作"的今天，"具有良好的沟通技巧"已成为许多企业招聘、考核员工时十分看重的条件。在公司里，选择恰当的沟通方式，学习如何与不同身份的同事相处，将使你赢得尊重、信任，在职场中从容行走。

小乔刚做记者的第一个月，感觉过得还不错，基本上不用加班。

但到了第二个月，领导经常叫小乔去现场采访。一开始小乔还觉得很新鲜，后来就感到疲惫了。在连加了3天班后的一天，他正准备下班回家，领导进来了："小乔，你先别走，公司有一个非常重要的客户来了，你帮忙招待一下。"当时小乔还很年轻，根本没想到公司的重要客户由他接待其实是器重他的举动。他感到疲惫和委屈，所以就没好气地说："凭什么叫我接待呀？我已经下班了啊！"

这时，旁边的一位同事赶紧对领导说："我去接待吧，小乔可能有事。"

那天走在回家的路上,小乔的心里一点都不好受,隐约感觉自己说错话了,但还在为自己解释:我已经加了3天班,很疲惫了,领导应该知道呀!

两个月后,那位替小乔招待客人的同事升为主管,这时,他才醒悟:原来大好机会已经被自己错过了!

有时候,领导多给你安排一些工作任务,也许真实的意图是要考验你,希望与你走得更近些,也可能是领导觉得你更好说话一些。但无论如何,这对你来说都是一个很好的机会,如何去把握就要看你了。

小孙是一名文秘。有一天她正在写一个报表,领导叫她:"小孙,昨天下午说过的那个报表今天一定要交给我。"

正在写着报表的小孙被领导这么一叫,工作节奏和思路一下子被打乱了,于是她没好气地说:"知道了,你没看见我正在写吗?"

领导没有说话,但出去时把门摔得很重。后来,同事问小孙这是怎么回事,她委屈地说:"我正在写报表呢,他叫我把报表给他,又不是看不见,这不是故意刁难我吗?"同事提醒她说:"毕竟他是你的领导,你这样说话也太让领导下不来台了啊!"

小孙哑口无言。

对于领导的问话,一定要有问必答,最好是问一句多答几句,这样能让领导清楚你在做什么及事情的进展程度。作为下属,切勿因为领导很随和，在和他说话时就可以无所顾忌，不分职位高低。其实，即使性格再随和的领导，都会有一种强烈的自我意识：我是领导。所以你要在言语中表达出对他的尊重。在和领导说话的时候，认清双方的角色是非常重要的。

电话沟通篇

——用电话传递你的热度

接听电话的第一句话

一般公司的新进人员，多少都会接受一些电话交谈礼仪的训练。但是，时间一久，或与客户熟悉了就忘记了。电话的交谈在某些方面来说，的确要比面对面来得困难。

如果你试着蒙住两个人的眼睛交谈，你会发现可能维持不到一分钟便无话可说了。不是一起开口说话，就是彼此沉默不语，总是无法顺利地进行。

电话是一种见不到对方的交谈，虽然有人只想听到对方的声音就好。但是对于电话的交谈，应该时时注意。因为你的一句话，给予对方正面或负面的影响，有时会比你想象的要大得多。

由电话的另一端传来的声音及谈话，任何一瞬间都有可能影响到对方的情绪。虽然这一部分与面对面的交谈相同，但是两者最大的不同，在于电话的谈话，无法直接观察到对方情绪变化和他的脸部表情。为什么这一点如此重要？因为对方情绪已经起了变化，而在电话另一端的人却不一定能完全察觉出来。

当对方情绪已经起了变化，如果没有察觉而又说了一大堆，对方愿意继续听下去吗？所以，当接听电话时，第一句话就给对方留下良好的印象，有利于接下来的交谈能够顺利进行。

尽管我们都不太愿意承认，但是我们总是很快就会通过和对方的简短接触就给对方的形象下定义，也许是在两三分钟之内。在电话当中，也许就是接听电话的前几句话，我们就会决定是否喜欢他们，或是否愿意和他们交往下去，而此形象一旦定格，就很难改变。为了避免给来电者留下不好的形象，我们必须注意电话接听的前几句话。为了做到这一点，很多商务公司都规范其公司的接听语，如：早上好！××公司。甚至有的国内企业为了提升其企业的档次，要求员工必须用汉语和英语接听电话，虽然只是几句英语，却无形中使来电者觉得：听起来，这公司似乎很正规，说不定和国外有业务来往，等等。因此电话接听的前几句话显得尤其重要。

为了达到这种效果，给对方留下积极的印象，接听电话之前必须注意控制好语气、音量和说话的速度，最好是中等速度、清晰的语句及中等的音量；按照你的职业习惯表达的第一句话，应该是以积极、热情、乐于助人的态度一气呵成。

电话接听，切忌出现一些恶劣语句，例如：工作正忙的时候，电话又响个不停，情绪很可能因此而变得不耐烦，但是打电话的人并没有察觉这一点。所以，当你拿起电话，还来不及将情绪整理就大喊："喂！找谁！"对方一定会认为："这是什么公司？"一间拥有100位员工的公司里，只要一位员工情绪不稳而造成客户不满的话，有可能一竿子打翻一船人。

所以，无论工作怎么忙，接电话之前必须先松一口气，之后再以明亮的声音向对方说："喂，某某公司，您好！"如果对方是自己的亲友："原来是你，真难得！最近好像很不错哦！"之后，再依彼此的交情程度，进行不同的谈话。切忌自己什么都不说，只是一味地询问对方："你叫什么名字？""你是哪个单位的？""你找他是公事还是私事？"这样会给人盛气凌人的感觉，极不礼貌。别人会觉得，你问我是谁，那你是谁？而"喂"字如果大声一点，则有审讯的嫌疑，让人有被审问的感觉。

控制通话时间

随着竞争的激烈，人们的节奏加快，时间也就显得越来越宝贵，所以在和对方进行电话交谈时，更要学会控制时间。如何控制电话时间需要一定的技巧，特别是在电话当中进行自我介绍时，力争不要超过1分钟，简单将自己的情况介绍清楚，这就需要做好打电话前的准备工作。

注意电话接听当中的一些措辞，主动及时地表达出来，可以避免不必要地反复提问。如商务公司在接听电话时说："早上好，这里是康盛商务公司，我是陈小刚。"这样就可避免对方问"你是谁"，或者交谈到一半时，突然觉得不对劲，才想起问对方："请问，怎样称呼？"

打短电话最好在3分钟以内完成。根据事先列出的要点，拨通电话后做简单的问候就进入正题，说的时候要简明扼要。这样做不仅让自己节约了时间，还让对方觉得我们是在尊重他，因为对方可能有其他事情要处理或因为和我们通电话而占线，其他重要的电话无法拨打进来。如果你知道通话会需要一段较长的时间，一个好的办法是，在你开始谈话时，对你的朋友说："陈先生，现在说话方便吗？"或"你有时间说话吗？"如果更多的人采用这种方式，对电话打扰的抱怨就会减少许多。

其实在电话当中交谈和面对面交谈的差别并不太大，不过由于电话交谈双方彼此无法看到对方的表情，而只是纯粹的语言沟通，因此只要稍一不留神，就很容易将重要的事情给传递错了或出现偏差，这往往是由于听者听错或片面理解，以及表达者表达有误或有偏差造成的，这不仅影响了电话交谈的质量，同时也影响到电话接听的时间。因此，为了节省时间又能明确传递信息，有效拨打电话，应做好如下几方面的准备工作。

1. 准备与谈话内容相关的资料

如果谈话内容很重要，可以先将谈话的内容资料给对方邮寄或电传，让对方详尽考虑，以便在电话交谈时简明扼要，更有针对性，而不必再在电话里向对方解释每个细节，节省时间。

自己要准备充足的资料。若是谈到一半，才想起需要谈话的资料在某一个角落里，需要对方等待一段时间才能将资料取出，这不仅浪费了对方的时间，也影响了谈话的气氛。打电话前没有准备相关的资料，还常会出现所表达的内容要点不全面，东一件事，西一件事，让对方搞不明白究竟哪件事才是最重要的。如果提前做好准备，那么一切都会有条不紊，"我给你打电话，有三件事需要和您商量，首先是……其次是……最后是……我来总结一下，看我们是否达成共识，第一件事，我们认为……第二件事是……最后是……是这样吗？"

当准备好所有的资料后，还需列出发言的要点，将其逻辑联系起来，不要太依赖临时组织的谈话要点。

2. 设想对方要提出的问题

当我们拿起电话和对方交谈时，对方肯定会提一些问题，因此控制电话时间就需要事先设想对方可能会提出的问题，并且拟定合理的回答。如下面这个例子：销售部打电话给生产部，要求生产部派人协助向在场的客户解释产品的生产流程,以增加客户对产品的信任度。销售部经理给生产部打了电话:"帮我叫王师傅到销售部办公室来一下。"生产部的同事说:"为什么要吴师傅到销售部,有什么事吗?"销售部经理说:"来了就知道!"由于生产部正在召开一个会议,见对方如此说,觉得不像是急事,于是就让吴师傅先开完会了再说。如此一来失去了向客户解释的机会。这主要是销售经理只知叫吴师傅来,却没有回答对方提出的问题,误了事。

3. 不要占用对方过多的时间

当你主动打电话时,应尽量控制通话时间,不要占用对方时间过长。特别是你打电话需要对方用一段时间去考虑或查找相关资料,或对方需要时间去向上一级报告时,应考虑给对方一个时间,不要拿着电话等候过长的时间,以免影响对方的工作进度及工作情绪。

4. 适时结束通话

有的人只顾自己高兴,不管对方是否愿意继续接听此电话,殊不知对方已经不耐烦了,你还谈得津津有味,其乐无穷。因此,应该培养一种习惯,在将所有的问题要点解释及讨论完毕后,应提醒自己适时结束电话。并且说几句客气话,"非常高兴能和你交谈""真的很高兴你告诉了我这么多的事情"等,以显热情。不可粗鲁地挂上电话,以免对方误认为你在摔电话,应以顺其自然及友好的方式结束电话。

电话也可以传神

尽管电话线另一端的人根本看不见你,但你的声音却能为对方描绘出你的形象。如果你愁眉苦脸,电话中的声音也不可能温暖热情;同样,如果你说话时面带微笑,那么电波就会把微笑传递过去。电话这种传递身体表情的能力相当惊人。你在电话中的声音能够清楚地告诉对方:你的嘴角是在向上翘,还是向下撇。你越是态度友好,你的声音听起来就越亲切。而友好的态度,无论在社交界还是在商业场合中,都是有效的交流工具。请把镜子放在电话机旁,一面打电话一面观察自己的表情。

要想与人在电话交谈时取得成功,就要使用"微笑的声音"。但是,这样的声音越来越难以听到,以致当我们听到这样的声音时更感到珍贵。我们现在常常听到的是一种"咆哮的声音"。试想,当你在旅馆中一觉醒来,拿起电话点早餐时,回答你的是一个洋溢着笑意的声音,该是多么愉快!你发现对方把为你拉开窗帘、召唤阳光当作自己的职责,而且似乎十分关心你要喝加热的牛奶不会胃痛,这一切当然会让你感到心情愉快!

无论是在私人谈话还是商业会谈中,电话能传送你的形象——可能是令人愉快的,也可能是招人反感的。因此,你应随时保持声音的活力、热情和真挚。

打电话和你在董事会做报告一样,姿势也会影响声音的清晰、音量和活力。打电话时不要缩在椅子里。如果身体下陷佝偻,声音也会跟着下沉。坐直身体,使你的呼吸均匀,语气就会轻柔起来。

有时进行这种漫无目的却又必要的电话交谈是有益的,至少对女人们来说是如此。它可以代替你亲自去慰问病中的朋友,可以帮助他或她消磨寂寞的时光。但是,电话交谈对于交谈的双方来说,通常都应该是简单明了的。要自觉限制你的电话时间,甚至也要限制对方的时间——毕竟会浪费无谓的时间和金钱。

斯雷特诺有一次在白宫与富兰克林·罗斯福总统在一起时,恰好遇到丘吉尔从英国打来一个电话。一会儿,斯雷特诺惊奇地听到总统在说:"好了,温斯顿,你的3分钟时间到了。挂了吧,否则你要付超时的费用了。"

作为接电话的一方,态度当然要亲切有礼。但这并不意味着你只能做电话闲聊者的牺牲品。

如果某个电话已经持续了好久,而你正要做一些需要集中精力的事情,如正要煮饭做菜,或者写一篇文章,接待一位客户—那你大可直言不讳地告诉对方你目前没时间闲聊。"杰克,等会儿忙完了再打电话给你,现在我实在脱不开身"或"我忙得不得了,要不我明天早上9点到10点之间再给你电话,好不好?"

如果你是打电话的人,请记住你正占用对方的时间,因此如果你的目的只是为了随便聊聊,那就立刻告诉对方这一点。

给对方考虑的机会

在与人打电话时,要想取得对方的信任,争取到合作的机会,不妨给对方一个考虑的机会。

"周经理,我是老武,我今天想在你们酒店订两间客房,你帮我预订,什么样的价位?"

"你现在通过途径能拿到什么样的价位?"

"大约每间每晚700元。"

"那也差不多,这几天本地酒店也开始进入了旺季,各酒店的房价都在上涨。如果我帮你预订，在我的权限范围内，恐怕也低不了多少。据说春秋旅行社可以拿到最低的价位，你看这样好不好，你到春秋旅行社试试，如果不行，我再帮你预订，你看怎么样？"

"……"

"……"

"好吧，我先到春秋试试看。"

"好的，记着，如果春秋旅行社那里不行，一定给我电话。"

"好的。"

老武的沉默是在思考，他也许在考虑自己是否有春秋旅行社的朋友，若找旅行社会不会很麻烦；也许通过周经理，虽然价位贵一些，但可避免一些麻烦，价位也应略低一些，等等诸如此类的事情。

这时这位周经理表现得很好，也保持沉默，给对方思考的空间，而不是直接说："就这样吧，你先找春秋旅行社吧。"然后挂了电话。这样做无疑是没有给老武一个选择的余地，暗示自己不太愿意帮忙，你去找别人吧。

即使在最后，这位周经理，还再次提醒对方，如果其他途径不行，一定要回来找他，表示了十分乐意帮助对方，给别人留下良好的印象。

给对方考虑的机会，也是给自己铺平道路，省去不必要的麻烦，不信看下面这个例子。

1998年，一群波黑人为了将走私的武器尽快运到前线，他们采取了一个无法无天的行动，劫持了美国某航空公司从纽约机场到芝加哥的一架班机。并要求机长违规降落在他们指定的地点，为他们运输武器。

僵持期间,飞机兜了一个大圈,飞过蒙特利尔、纽芬兰及伦敦,最后降落到法国的戴高乐机场。在这里,恐怖分子击穿了飞机的轮胎。最后法国警察向恐怖分子下了最后通牒。他们说:"听着,你们可以继续按你们的原则做事。但是,美国警察已经到了。如果你们现在放下武器跟他们一块回美国去,你们将会被判处2~4年的监禁。这就意味着你们也许在10个月左右被释放出来。"法国人说完,沉默了一下,然后继续说:"但是,如果我们不得不逮捕你们的话,按照法国的法律,你们将被判处死刑,你们愿意选择哪条路呢?"

最后,劫机者决定投降,去撞美国法律的大运了。

警察在这里用了一个疏导而不是逼迫的策略,他们给劫持者出示了两条路,也就是为对方提供了选择范围。而且这种选择是由劫机者自行决定的,而不是警察命令的。如果警察用另外强硬的态度逼迫劫机者就范,也许会把对方逼上拼死一搏的绝路。

电话交谈的基本技巧

作为一个现代人,如果不懂得电话交谈的技巧,会直接影响人际关系的建立。而作为一个员工、领导,就更应该掌握电话交谈的技巧,从而有效地与人沟通,也给自己树立良好的个人形象。

一般而言,电话交谈的技巧主要有以下几点:

1. 说出对方公司的全名

电话处于传送信息状态，我们称为通话；而当通话途中，传入了第三者的声音时，则称之为私语。

例如："林小姐吗？请稍等，我帮你转给夏先生。""夏先生，林小姐的电话。"此时，夏先生如果大意，不管对方是否听得到自己的嗓门，就说："伤脑筋，你跟她说我不在。"这种话若被对方听到了，一定会很生气。

平常我们称呼别人时，都会在名字后面加上先生或小姐作为尊称。但对方如果是公司行号时，就常常省略而造成对方的不愉快。因此，无论对方是人或是公司，我们都应秉持尊敬的态度称呼他。不嫌麻烦地把对方公司的全名都说出来，才不至于让对方认为我们没有礼貌。

2. 音量适中

有活力的声音最美，与人电话交谈时更要保持活力和热情，否则你的声音会显得十分疲倦、颓丧和消极。

如果你打电话时声音变得愈来愈高，可以采用"铅笔法"：手握一支铅笔，举到距离你约 25.4 厘米的地方，然后对着它说话。如果感到你的声音在这个距离内显得过高，就把铅笔放在低于电话听筒，或与茶几同高的位置，并提醒自己降低音调，运用共鸣。

保持生动和关注，某些鸟类在它们对异性发生兴趣时，会改变身体颜色来传达爱意，萤火虫则是用闪动的荧光来表示它求偶时刻的到来。你是否想过你在电话中说的"喂"传递了什么样的信息？它很可能包容了你电话交谈中的全部基调，它能表现出你的情绪：可能是随意而松弛的，说明你正闲着；也可能是友好而活泼的，表面似乎是说:"我很忙,不得不立刻挂掉电话。"其实可能非常粗鲁无礼,预示着接下来是一场暴风骤雨。

要让这声"喂"真正传递出你所希望传递的意思。有些人说这个字时,显得十分傲慢、冷淡,甚至带有敌意,其实他们自己并不知道会这样。因此,我们在电话中要特别注意"喂"的声调和感情。

3. 以应答促成电话交谈成功

面对面交谈与电话交谈时,听者所注意的重点显然不同。以前者而言,纵然说话失礼,也可以用表情弥补。只要谈话气氛和乐,大致不会发生问题。

但电话交谈则不然。往往会由于一句无心的话而得罪对方或招致误解。无论以任何表情表示,也无法消除对方的生气,因为对方看不见表情。

工作正忙碌时,却接到客户的电话,对方只是闲话家常,而且越谈越起劲。虽然你想马上结束谈话,但又担心得罪人,只好勉为其难地应付。随着你的心情焦急,语气从恭恭敬敬的"是",改成"嗯""哦"。

渐渐地,对方会察觉你的态度不恭,而对你感到不满,但其实,对方根本不了解实情。因此,碰到这种情形时,不妨主动说明事实,以委婉的语气结束交谈。

由于电话交谈纯粹是语言沟通,应避免敷衍了事。此外,若是沉默时间太久,必然引起对方误解,以为你没有专心听讲。所以需趁对方说话告一段落时,插上一句"不错"或"是啊",促成谈话顺利进行。

通电话时看不见面部表情,因此需特别注意声音,因为声音也反映表情。倘若感到不耐烦，对方照样能从声音中感应出来。

电话应对以让对方感到受尊重最重要。为此，我们必须学习电话礼貌，培养出恭敬的态度。

当然，这需经长久的训练才能养成。我们常见有人一手握着电话听筒，一手按着计算机，或一面喝茶、抽烟，一面接电话，这些行为均需避免。虽然电话交谈彼此都看不见，仍需保持基本的礼貌。

把握接电话的时机

接电话的时机往往决定了客户对公司的印象，在第一声铃响结束时或第二声铃响间用明快热情的语调接电话，这是与客户电话沟通成功的第一步。如果打电话到某公司的时候，铃声响了很久都无人接听的话，客户往往会对这家公司产生不好的印象。电话铃响一次约三秒钟，时间虽然短暂，可是从心理上讲，等待的时间感觉很久，容易使人产生不悦，觉得不被尊重。

因此，必须在铃响的第一时间内接电话，即使是离电话机很远，也要赶紧过去接电话。如果在铃响五声之后才接电话，就要先致歉："抱歉！让你久等了。"如此对方才会感受到你的诚意，觉得你是一位有责任感而又有礼貌的人。

一个人等电话的忍耐极限是多久？长、短的定义又如何？在商务电话中，1分钟以上就算久了。某家干洗店的新员工表示，经常有客户打电话询问衣服是否洗好，由于洗好的衣服上都有一个号码牌挂在外面。他就请这位客人稍等，然后放下听筒去外面查看，只顾着自己赶紧找那号码牌，等找到以后去接电话，电话早已因客人等得不耐烦而挂断了。

像这种因找资料，而让对方久等的情况，很少有人能够忍受，应尽量避免。等待不超过1分钟，过长就是失礼的行为了。

商务电话接听的时机虽然重要，但有些情况也要灵活处理。譬如，某百货公司的柜台人员在接待客户时，电话铃响了，他们即使要去接，也不能不顾一切地迅速离去，应先致歉："麻烦稍等一下，我先去接一下电话。"这样才不至于得罪客人而因小失大。商场如战场，公司给予人印象的好坏，往往关系着市场利益，因此电话礼仪不容忽视。

正确应答电话

在商务电话中，对客户或交易对象的来电，一定要习惯性地答谢对方，即使是初次接触，应酬话也不可免。也许有人会问，为什么对那些初次接触、未曾受惠的人，也要表示感谢？这是因为公司里部门众多，负责人也不少，我们并不了解他们是否曾受过别人的照顾，所以拿起话筒时，代表公司表达谢意，也是一种礼貌。即使和对方是第一次接触，向其表示谢意，也不会令人生厌，只会让其对公司产生好感，并增加彼此的亲切感。

正确的电话应答是，首先要先报上公司名称、所属部门，以及在尚未确定对方姓名前，先礼貌性地表达感激。新进员工比较难为情，客套话总是迟迟难以开口，但久而久之就会习以为常，届时就自然而然地脱口而出了。

常有人打电话时只说："是我。"一般对经常打电话来的人，只要关系相当密切,就马上辨认出对方,但即使是熟人打来的电话,也有无法确认的时候。

另外,也有人不等你自我介绍就指定要公司某位员工接听,如果问也不问地把电话转过去时,若是指定的人接了电话,却因和对方不认识而莫名其妙地愣在那里,就太欠妥当了。所以,接电话时,一定要先确定对方的姓名。除此之外,如果我们是在一家专门的电话营销公司上班的话,每一通电话都有可能成为我们的客户。因此,对于打来公司的电话,了解对方的姓名是第一重要的事情。

在日常生活中,如果不注意接听电话的礼仪,会给予别人随便的感觉,更何况是分秒必争的商务电话,没礼貌的应对只会让别人轻视你。况且你就是代表公司,也会让人对公司留下不好的印象。所以切记,在商务电话中的你,就是代表公司的形象,而电话是表现诚意、展示公司形象的最佳沟通桥梁。

在商务电话中,要在对方先报上姓名之前先报上自己公司的名称,如果一开口先用"喂"然后等对方开口的话,对方会以为自己打错电话。如果在一开始就先报上自己公司的名称:"××公司,您好!"对方一听就知道没有打错电话,可以安心讲下面的事情。

某些制造厂商在发表完新产品时,都会打电话给各客户公司询问意见,但有些公司的回答彬彬有礼,耐心给予指教;有些公司的回答则是三言两语便打发,可谓天壤之别。

公司与客户间的往来是视其诚意而言的,这点相当重要。假使公司内部的联络工作没做好,连平常往来客户都不甚清楚的话,容易引起误解,增添麻烦。

一名称职的员工,应该早就把客户资料、名称、联系人以及最近合作事项的进程做成重点笔记，放在电话旁，以便客户打电话来时可以查阅，迅速、准确地提供资讯，为客户提供准确完善的咨询服务。

有些员工常常"以声取人"，在接听电话时觉得对方应该是一个小职员，于是就不太爱搭腔，对客户所问的问题也简单回答，这样会使公司的形象受到损害。

"人非圣贤，孰能无过"，打错电话是常有的事。

"喂！请问这里是××公司吗？"

"不是啦！打错了！"接下来"啪"的一声挂断电话。如此的应答是不恰当的，在忙得不可开交之际，突然来一通打错的电话扰人工作，固然令人生气，但是鲁莽地应付甚至口气很差，都会给人留下不好的印象。

"对不起！我们这里是××公司，电话号码是××××××。"如此一来，可清楚地让对方明白究竟是错在哪里，知道是因为电话改了还是拨错了，可避免犯同样的错误。虽然这是一通打错的电话，但有可能对方是看"客户清单"打的，不小心看错行而打错电话。虽然这是一件极小的事，由于你的疏忽，使客户产生一种极不愉快的心情，印象大跌，从此减少和公司的往来。倘若友善地回答，客户一定会觉得相当温馨，更加信赖此家公司。

一时的应对态度可能会带给公司不小的损失，也可能带给公司更多的订单。所以，即使是对方打错电话，也要有必要的应对礼仪。

在公司内，如果别的部门没有人而电话铃却响了，这时应当积极主动地去接电话。如果对方在电话中提出自己无法回答的问题，可先记下客户提出的问题，看是否可在内线电话中寻找到客户所要洽谈的对象；如果没办法，就请客户稍等片刻，待部门责任人回来再进行交流。

电话交谈中的语气

电话交谈中，语气是影响一个人形象的重要原因。如果语气好会让对方认真去听，如果语气不好，对方就不会认真去听，甚至还会使对方讨厌你。大多数人在用电话沟通的时候，往往没有意识到非语言信息的重要性。而事实上，语言的交流通常仅占整个交流过程的7%，大部分的交流都是由非语言信息完成的。而非语言信息的交流包括身体语言、语调、神态等方面。

在打电话的时候，没有办法使用身体语言，所以我们的语气、语调就会显得特别重要。我们的语调不仅能表达出我们的感情和情绪，还能表达出我们对这个通话人的态度。所以要记住，"语调不是指我们说了些什么，而是指我们说话的方法"。

我们必须要明白并不是所有的身体语言在电话交谈的过程中都用不上。虽然正在和我们交流的人看不到我们，可是他在和我们进行电话交谈的时候，就会在大脑的意识里勾画出我们的样子、表情和身体语言等，那端的人都能捕捉到。

所以说，如果我们想给对方留下一个好印象，那我们就必须用能给对方留下好印象的语气和语调来讲话。

在讲话时要传达这样的语气给对方：态度明确，热情洋溢，乐于帮人，举止得体。

如果具体一点来说的话，电话交谈语气可分为不合适的方式和合适的方式两种类型。

不合适的方式包括：恼怒的，粗鲁的，不愿意帮忙的，高高在上的，不明事理的，傲气十足的，讽刺挖苦的，不乐意的，讨厌的，架子很大的，冷漠的，傲慢的，冷酷的，犹豫不决的，沙哑恼人的，冒昧鲁莽的等语气。

合适的方式有：热情的，有礼貌的，高兴的，自信的，容易接近的，冷静的，令人宽慰的，关怀的，同情的，体贴的，友好的，感兴趣的，温暖的，轻松的，明智的，支持赞同的等语气。

在电话交流之中，我们一定要努力学会并习惯性地运用这些合适性的语言，并努力抛弃那些不适合的语言。唯有如此，才能给对方留下一个好印象，我们双方的交流才能开心顺畅。

让电波传递美好的形象与声音

良好的电话交谈其实与其他谈话并没有本质的区别，唯一重要的区别就是：打电话时你只能依靠声音，不可能用面颊上的微笑或眼睛中的神采来弥补声音的缺陷。在电话中，声音是你表情达意的唯一信使。既然在电话中只能依赖你的谈吐，那就应该使它表现出最佳的状态。

当你用电话传递声音时，必须弄清楚对方是否真正明白你的意思。尽管电话线另一端的人实际上看不见你，但声音却能为他描绘出你的形象。如果你愁眉苦脸，电话中的声音也不可能温暖热情；同时，如果你说话时面带微笑，电波就会把微笑传递过去。电话这种传达身体表情的能力相当惊人，你在电话中的声音能够很清楚地告诉对方：你的嘴巴是在向上翘，还是向下撇。你态度越是友好，声音听起来就越亲切，而友好的态度，无论是在社交活动还是在商业场合中，都是有效的交流工具。试想，当你在宾馆中一觉醒来，拿起电话要早餐时，回答你的是一个洋溢着笑意的声音该是多么令人愉快！

无论是和私人谈话还是在商业洽谈中，电话传递的形象可能是令人愉快的，也可能是招人反感的。因此，你应随时保持声音的活力、热情和真挚。

即使在面对面的谈话中，有身体动作和手势的帮助，要确切了解对方的意思也不那么容易，在电话交谈中要做到这一点就更难了。这时你只能依靠倾听，倾听对方所说的话，并且适当地回应"嗯""是的""我了解"，让对方知道你正在专心地倾听。

如果发现你在电话中有某种不良习惯，就把字条贴在电话机上用于矫正自己。如果你有清嗓子、说口头禅，或喜欢东拉西扯等坏习惯，这张提醒你的字条会帮助你摆脱它们的危害。让电话中的交谈表现出你最美好的一面吧！

当你在电话中与人交谈的时候，如果你的声音能够给人带来如下的赞扬，那么你的声音就是美好的："呀，听声音她一定是位非常有教养、文雅的女人"，或者"嗯，这声音听起来沉着、稳重，肯定是一位成熟的男人"，抑或，"这家公司真不错，接电话的小姐都是这么温柔，有人情味"。

由于电话容易让对方产生"视觉联想"，因此，美妙适中的声音带给对方的印象是很深刻的，它可以透视出一个人的品格乃至他的具体形象。

有的人一拿起电话，就会像生怕对方听不见似的操起高八度的嗓门大喊大叫，使对方觉得好似公鸡啼鸣，而有的人一拿起电话又好像在联络暗号，生怕被人听见了一样将声音压得又小又低，让对方感觉他口里像含了糖块似的含混不清。

前一种人打电话像打雷一样吼叫，其实他不知道对方早已将听筒离开耳朵好几十厘米，不然耳膜都会被震坏；后一种人的声音又总会令人不断地急问："你说的是什么？请再说一遍！"次数多了肯定会引起对方的厌烦。所以，使用电话交谈，一定要注意声音的适度，声音太大或是太小都是不好的，而适当的声音才会比过高或过低的声音更让人感到容易接受。

许多人忽略了声音透过电话机后音调会稍微有所改变。现在即使是最好的电话机也还不能够把你的"原声"传递给对方。因此，你在电话中谈话，不能完全根据你平时说话的习惯。你要有一种特殊的适合打电话的节奏与速度。你的音量也要加以调整，太轻或太重都会使对方听起来不清晰。一般地说，你要正对着话筒，咬字要清楚，一个字一个字地说。数目、时间、日期、号码和地点等，要特别注意，最好能重复一遍，并且确知对方已经完全听清楚了为止。因此，我们在接听电话时，千万要把握好自己的声音。音量要适中，音调要恰到好处。只有这样，才能在短短的几分钟内，将对方的心牢牢抓住。

电话交谈要激起客户的兴趣

我们在与客户进行沟通时,要力争引起客户的兴趣。只有激发出客户的兴趣,让他听下去,才能有效地使其产生购买欲望。

"张经理吗?"

"我是,哪位?"

"张经理您好,我是绿园房产售楼处的,我姓张,上一次您到我们这里,我给您介绍过绿园家居的报价。"

"噢,我知道,你说。"

"总的来说,我们'绿园家居'的别墅为住户着想的真是细致入微,能想到的都为客户想到了。这些您一眼就能看出来。先说交通吧,三环以内,交通非常便利,周围环境也好,推窗见绿,远离噪声和空气污染。"

"噢……"

"我们的房层设计出自国际著名的设计师,这种设计您就是住了100年,也别具品位、不觉落伍,不光是外形上叫人刮目相看,内部设施也一应俱全,你看,砖墙,双车库,有修车凹道,有宠物居室、花园、鱼池、露天烤箱。房子里还有一套客居寓室。厨房也是现代化的。另外,在地下,我们也进行了有效的空间利用,设计了酒吧、储藏间和娱乐室。我们这套房子虽然标价94万元,但您也可以先交30万元预付金,其余款项由工商银行15年按揭。"

"嗯,我知道。"

"关键是您别忘了,这里有其他地区房产不能比的健康环境,而且离商场、俱乐部和其他商业服务区都很近,徒步只要十几分钟就到了。您看看，张经理，我说得不错吧？还有一点您也应放心，我们这处别墅小区的物业管理也是很严格的，维修和管理都非常及时到位。如果有兴趣，您近期可以来看看，我们可以给您作更细致的解释。"

"嗯，我现在还不打算去看。我爱人也对那里不太看好。这样吧，我们如果有打算，会和你们商量，先这样好吗？再见。"

业务员对自己的房产极尽赞美夸奖之能事，可谓事无巨细无所不言，但缺乏针对性，很难引起听者兴趣和需求欲望，因此而失败。

推销是一个寻找顾客需要的过程，初次交锋前，我们要对客户的需要和利益有一个很好的评估，用具有针对性的语言来引起客户的兴趣。

我们不愿漏掉任何劝说客户的理由。但是，没有针对性，很容易使客户厌烦，一旦在某个环节产生反感，链子也就断了，我们的目的就很难达到了。

要使客户产生兴趣，就一定要注意有针对性地推销。

与不同性格的人在电话中谈判

电话营销人员不能将一张订单无限期地盯下去，而必须讲求时间效用。怎样提高时间效用，最有效的方法就是摸透客户的性格，分析不同客户的办事作风。

对不同客户的电话性格进行分类，针对他们不同的性格特点，对症下药地游说，以达到最佳的时间效用。这对于任何性质的商务沟通来说，都是有好处的。

1. 如何对待犹豫不决的人

业务员小焦，与客户严经理已联系了多次，严经理顾虑重重，经分析小焦认定此客户为犹豫不决型。因此有针对性地做了一番准备后，打了下面的这个电话：

"喂，严经理您好，我是金锭大厦物业管理处的小焦。"

"你说的事，我们还没考虑好。"（与以往托词一样）

"严经理，您看还有什么问题？"

"最近两天，我们在北四环附近又看了一个地方，就是新世界广场。这里交通比较方便，我们员工上班比较方便。再有就是楼层比较好，价钱也比较合适。"

犹豫不决的客户，经常被新出现的问题所左右。在这里业务员首先要找到犹豫的原因。然后业务员再将己方的有利条件列出，优劣立判。犹豫不决型的客户，在多数情况下，只要将各种选择方案向他们摆明，让他们考虑，他们并不难对付。接下来，小焦向他发起最后的进攻："严经理，我刚刚讲的好处你也看出来了，我们这个价钱是从这五个有利条件出发的，而从地理位置来说，新世界的实际价格比我们还高。您不能再犹豫了，您上回看好的写字间今天又有两家公司看过了，我是一再跟经理保证，说您今天肯定有明确答复，您要是再推的话，我就没办法跟经理交代了。"

"这样吧，明天我给你个准信。"

"严经理，您不能再犹豫了，我们大厦就在这三四天又入住了7家公司，很快大厦就不会有好的写字间可供选择了。这样，我明天早上9点到公司去，咱们做个决定。"

第二天，小焦的业务就谈成了。

2. 如何对待蓄意敌对的人

"喂，您好，请问是霍总吗？我是新鑫公司的小马。"
"说过多少次了！您怎么还打过来！"

蓄意敌对型电话性格的客户，一般都是霸道人物。他们在接业务员的电话时可能会大发脾气，他们把打电话的人视作对手，不仅要赢得电话交锋的胜利，而且还想羞辱对手。

"霍总，上次您开会我没来得及向您介绍我们的产品，其实我们这套新软件非常适合你们企业……"
"是我了解我的企业，还是你了解，你以为自己是谁呀？"
"我不是这个意思霍总，我是说我们这套软件，主要是针对提高公司的营销管理而设计的。这个MKJ2.0是老MKJ软件的升级版。它经过我们进一步的用户化设计后，有了一个新特点，可以和最新的通信程序一起运行，这样就减少了不少中间环节，加快了销售信息的反馈速度……"
"行了行了，你们这些生产软件的，除了能添乱还能干什么，月月出新的，你们就不能一下子出个全的，然后来个冬眠？能跳一米，非要一厘米一厘米地跳，企业都应该联合起来抵制你们这种奸商式生产。"

蓄意敌对型的客户，脾气大，他们好战好胜心很强，对别人往往不屑一顾。因此，他们坚决要赢得电话交锋的胜利，如果需要，即使羞辱对方，也绝不允许说话的主动权落到对方手里。对付这类电话性格的客户，要避免使用过于鲜明的形容词修饰自己的产品。同时减少发问频率，发问意味着向客户争夺说话的主动权。如果想使用赞美缓和气氛，一定要做得不留痕迹。最重要的是，保持诚恳中性的语气说话。同时继续提出方案，不使其偏离主题。注意，业务员在与蓄意敌对的客户交谈时，应尽量避免对产品的特性、功能、品质、效能使用过多的形容词做修辞，以避免刺激客户的这种偏激的电话性格。另外，这种客户之所以有这种电话性格，主要原因是不愿在电话里跟人谈事，业务员应该创造见面的机会，面对面地尝试与其进行充分的沟通。

"霍总，您的顾虑自然有道理，所以我还要说两句，MKJ2.0在操作上跟原来的软件相比，视窗管理变得方便了、快捷了。您看，我们公司的技术人员正在随时待命，准备给咱们霍总用演示版作一个MKJ2.0功能的演示表演。如果霍总明天或者后天有时间，我们就登门给霍总演示一下它的功能。"

于是，顺利会面，则可继续进行沟通。

3. 如何对待爽快同意的人

业务员小未已经第三次与恒利公司桐老板接洽，每次桐经理都爽快同意，之后在业务员催单的时候又反悔。业务员经过分析认为桐经理的电话性格属爽快同意型，于是有针对性地设计了以下说辞。

"喂？桐经理您好，我是金海的小未，上次咱们谈的软件说今天给您安装，我一会儿让安装人员过去，您安排一下行吧？"

"呀，这个事啊，是今天吗？我今天很忙。你过两天再打电话过来，咱们再谈。"

爽快同意型的客户，往往在上次电话里答应得很爽快，但一到行动阶段，马上又改变主意。

"桐经理，咱们这事已经定过两次了，您对这个软件也肯定了，咱们就赶快装上让它尽快为咱们公司产生效益，你说对吧？"

对付这种电话性格的客户，关键一点是业务员要将其识别出来，盯住他们。

"对，这是肯定的。"

这类客户爽快同意，只是为了争取时间思考的一种手段。

"桐经理，今天您开会是几点到几点？"

小未要从客户的时间里找到空隙，以便盯住他践约。

"这个会估计要开到中午11点。"

"那您下午没别的安排吧？"

"下午不好说。下午我跟一个客户有一个聚会。"

注意，在这里不能给客户再次"拖"的机会和借口。不要以为约一个时间就一切都解决了，要防止拍板人一切从头再来。应紧追不舍，不再给他出尔反尔的机会，让其立即做出决定。

"桐经理，这样，我们的人现在就过来。您散会后，咱们花半个小时的时间，您安排一下。接下来的工作，我们就和其他人具体交涉，您还去参加您的聚会，没问题吧？"

4. 如何对待悲观失望的人

广告业务员秋晓与贾经理多次联系，都被贾经理因以往的广告教训而给予拒绝。秋晓对前几次谈话进行分析之后，认为客户的电话性格属悲观失望型。针对这一电话性格，她做了一番准备后，打了如下的电话。

"喂，您好，贾经理吗？我是秋晓。"

"秋晓？又谈广告来了，不做。"

"贾经理，我想您对广告一定有自己特殊的理解，您能跟我说说好吗？"

使用开放性问题法，引导客户说话。

"广告我们不是没有做过，以往我们花了不少钱，没效果，我们属于专业性很强的行业，现在所有的客户都是多年来往的老客户，前几次做广告就是想发展发展新客户，可就是没有效果。你别再浪费时间了。"

"贾经理，我们的这个广告就是针对咱们这个行业做的。您说以往的广告不起作用，但是您想过没有，广告对企业只能有益处。如果我们没有得到相当的回报，不是广告本身的问题，您是否想过这中间还有定位、时机等问题。比如，像咱们企业如果在晚报上做广告，收效可想而知。没有必要面对大众消费者，这就是定位问题。"

悲观失望型的共同特点是，不相信沟通人员能解决他们的问题。

针对他们，电话沟通人员关键要做的就是要帮助他们解剖症结所在，打消顾虑。引导他们判断一下最坏的情况会是什么样，然后设法解决问题，或者提出解决问题的方案。

5. 如何对待眷恋不舍的人

保险公司业务员文月，与客户秦经理就为其公司员工投保一事多次洽谈过。秦经理始终保持若即若离的状态，既不给予肯定也不给予否定，工作因此不得进展。经过一番研究，文月认为此位客户的电话性格属恋眷不舍型，于是文月经过一番思考设计了如下说辞。

"喂？秦经理您好，我是文月，今天早上咱们刚喝完茶。"

"啊，你好，小文。"

"秦经理，还是上几次跟您说的投保的事，我想是这样的秦经理，即使说您现在不能做出决定，我也希望您拿出一个具体的解决办法来。"

"投保这个事儿我一直在考虑，我会拿出具体办法的。"

"您考虑得怎么样了？"

"嗯，还不算成熟。哎呀，小文，现在的事就是叫人挠头。"

眷恋不舍的客户，心里有自己的难题，但他往往不愿意和别人讨论，同时，因为这类人考虑问题比较周密，所以又表现出不放弃的态度。针对这类电话性格的客户，我们在沟通时，一定要让他明白，只有把问题摆出来才能获得解决，提出的问题也一定要触及实质，不可给客户回避问题的机会。

巧妙地让没完没了的人结束电话

工作中，如果来了一个讲得没完没了的长电话时，会让人觉得非常着急。有时候，还会使工作没办法进行下去。

小阳正积极赶制下午3点开会用的资料，突然桌上的电话响了。原来是客户打来查询的电话，但是，对方的谈话一点儿要领也没有，杂七杂八讲个没完。

用家里的电话想怎么长谈都没关系，但是，公司的电话是大家所共有的，不可以依自己的喜好而谈个没完没了。彼此应该留意简单与扼要的原则。

所以，没有必要理睬这种没完没了的电话。原则上，要求说话对象"简洁地把问题讲明"。

但是，如果告诉他"现在正忙着"，而把电话挂掉，这恐怕会给自己带来麻烦。真想赶快挂掉电话时，该怎么说？

因为对方是重要的客户，而且是难以相处的客户，如何做到既不影响到对方的情绪，又能赶快地挂掉电话，才是最重要的。

1. 将对方的话做个小结，并确认其意图

反问对方电话的要点，做个小结论，以缩短对方的谈话。

"是不是要查询××契约的事？"

"那么，您指的是A、B、C那三个要点？"

赶快随声附和对方，这样对方也会觉得意气相投而大为欣慰。

2. 假装有急事而结束谈话

首先要利用电话谈话时，对方看不见的优点。当对方的话告一段落时，故意稍微大声地说："啊，对不起！"

当对方说"喂！""什么事啊？"的时候，就说："现在我必须到厂商那儿！"这时候，说说谎也能应急。

不过，这个方法经常有人使用，难免引起对方怀疑，所以，较好的托词是："现在，我有一个紧急电话进来，实在抱歉。"

若是对方也反问说："我这边也是紧急电话啊！"

就同对方表明："那么，请您简短地说好吗？"

这种应对方法，绝对不可以说得心虚声弱，要煞有介事地大声告诉对方。

接听电话说话规矩

除了打电话之外，接电话也是一种不可忽视的艺术。当接起电话之后，首先要说："您好。"再问对方具体事宜。当对方指定了某人听电话时，你必须说一声："请稍候片刻。"然后把电话交给指定的人。有时对方指名的人物刚巧不在场。此时，你不应该只回答"不在"而把电话挂断，你应该尽快去找被指名的人。这时，你不妨对他说："××先生不在场，我现在就去找他，请稍等片刻。"

事情谈完，要说些客套的结束语，如"拜托了、麻烦你了、打扰您了、请多多指教、谢谢、再见"等礼貌用语。还应注意：要等对方挂上电话之后，发话人再轻轻放下话筒。

如果你遇到一个在电话里向你喋喋不休谈话的人，而你确有急事要办，武断地放下电话不听又不礼貌，这时可以向对方说："实在对不起，我现在有个重要的会议，时间已经过了，咱们能不能改日再谈呢？"如果是在家里，你可以说："真不凑巧，有个客人来了，我过一会儿再给您打电话好吗？"

　　此外，当你正忙于处理某件紧要事情时，会遇到这样的情况，对方不怀好意，无理纠缠。面对这种情况一定要机智对待、冷静处理。如美国一位女演员自有妙法。她经常接到一些无理的纠缠者的电话，当她明白对方不怀好意时，便说："我真高兴你打电话来。你知道，我总是——"咔嚓，电话断了。对方当然想不到她是自己把电话挂断的，还以为出了什么故障，便会立即再打一次。这位女演员便暂时不去接听。所以，她绝不会听任突然打电话来的人的摆布。

　　有时接电话需要记录，这时要借助书面语，边听边记，不清楚处主动发问："对不起，这一点请您再讲一遍。"尤其是人名、街名一定要问清如何写法，防止同音词混淆。涉及数字、电话号码等一定要复述一遍再记下。等全部要点记录完毕，应当向对方复述一遍，得到对方认可后方可挂断电话。这样的言语处理固然麻烦些，但能保证重要电话的准确接听。

　　还有一个情况要注意，如果打电话的是重要客人、上级、长辈等时，谈话结束后，要等对方先挂电话，以表示对他们的尊重和应有的礼貌。

打错电话时如何处理

　　生活中难免接到打错的电话，比如你接其电话说："喂！请问您找谁？""啪！嘟嘟嘟嘟……"当你接到这种电话时，你是会火冒三丈、怒发冲冠，还是守在电话旁等它再一次响起？如果是你打错了电话时你怎么办？

打错电话的情况各种各样，常见的情形如下：

有时一时手痒想赶时髦，便用手边的一支笔快速拨，如此极易将号码拨错或按错键。有时却是因为对方电话号码更改或区域号码变了，而拨不到正确号码，这时你又毫无礼貌地"啪"的一声挂断了。这一挂，不仅对对方失礼，而且对打错的原因不检讨，只会一错再错。因此，在打电话时要先确认一次号码，心平气和地定下心来打电话，如果还是打错时，你可以参照下面的做法：

"喂！您好！这里是Ａ公司。"

"请问不是Ｂ公司吗？"

"不是，是Ａ公司。"

"啊！非常抱歉，那可否请问电话号码是否是×××××××××？"

"是的，号码是对的，但是我们确实是Ａ公司。"

"那非常抱歉，耽误您的时间。"

"没关系，再见！"

"对不起，再见！"而且应先等对方挂电话，然后才可以挂电话。

在家中常接到打错的电话，通常都会骂几句，而自己打错了电话时，反应往往也是那些。在家居生活中关系可能没这么紧张，但是在公司的商务电话中就不得不战战兢兢了。

"喂！请问是××建筑公司吗？"

"不是，是×××外贸公司。"

"完了！打错了！怎么办，哎呀，超快挂掉。"

很多人会选择这样的做法，其实，这是最差劲的方法。挂了之后，不仅对方莫名其妙，而你再一次拨号码时，也有可能重蹈覆辙打到同一地方去，这是见怪不怪的事。

因此，当得知自己打错电话时，一定不可慌张或出言不逊，而一定要经过这样的确认，才可以清楚了解到底是拨错号码打错电话，还是记错了号码，弄清问题症结所在，然后正确打电话给对方。

打电话勿乱用应酬话

有的时候，我们打电话找人，对方传来的声音很和蔼可亲："我们朱经理不在，请留言，我会代转。"

假若听到这样的话，不要以为对方一定会回你的电话。

或许你左等右等地等了个十几二十天也没个回音，因为那个和蔼可亲的声音传给你的只是表面的客气。

应该想到，你要找的人不在时，虽然对方请你留话，但他会不会转到并说明回电，这可是不能确定的。

假如你只是个业务员，而要找的又是公司的经理，那么，这种回电的可能性就更小了。千万不要因对方一句应酬语就完全当真。

你只有隔几天再打个电话过去确认，事情才能处理妥帖。

生活中做事情拖泥带水的人太多，做事说话都喜欢模棱两可，常常弄得人莫名其妙，搞不清楚他心里到底在想什么。

在电话交谈中，有一些人也喜欢采取这样的态度，总是"是、是"地随声附和，到底说的"是"是什么，连他自己也不清楚。

还有的人回应电话时，说一声"请稍等"之后便无影无踪，而打电话的人在这边却一个劲地等,以为自己要找的人就在那里,别人帮忙叫去了。

当等了半天没人接时,便心生疑团,以为是对方有意不接自己的电话因而产生误会。

有一次,李先生打电话到某公司找该公司的营销部主任,想询问一笔生意上的事情。

电话打过去以后,一位接电话的女职员很客气地说:"请稍等一下,我去叫他。"可是,李先生把听筒拿到手发酸,10分钟都过去了也没见把主任叫来,气得李先生把听筒挂了,懒得再通话。

让铃声响得更久些好

不知你在使用电话沟通时,有没有碰过这样的情形?双休日,你正在家里卷袖扎裤地大搞家庭卫生,突然,电话铃声响了,于是你赶紧把手洗干净,然后赶到放电话的地方拿起听筒,这时,听筒里却传来"嘟嘟"的忙音。

"唉,来晚了一步,不知是谁打来的?"于是你心里的滋味很不好受,再回头继续搞卫生时,就没有了先前的那份好心情。

一般来说,有事要打电话的一方,给对方打了电话,通常两至三声时就会有人来接,打电话的一方大概很快就能与对方进行电话交谈。然而,也有遇到特殊情况的时候,那就是对方不能在电话铃响两至三声时拿起听筒。如果打电话的一方听到铃响两至三声就不耐烦,立即放下电话,那么,说不定就容易失去许多机会。

你想想,对方赶到电话机旁电话正好断掉,心情肯定懊恼,而他在懊恼的同时,你不是也正在为没打通电话感到懊恼吗?因此,你在给人打电话的时候,除非有特殊情况,一般至少让电话响十声再挂。因为你给对方一个机会,也等于在给自己一个机会,说不定多等一会儿,机会便由此而来。

上班族回到家里,总有一些家事,尤其是女性,这样那样的家务事就更多了,没有很多的闲工夫守着电话机。电话铃声响起的时候,说不定对方正在忙自己的事情,等"排除万难"去接电话,自然就有那么一会儿时间。

看起来拨电话、等人接电话似乎与说话技巧没有多大关联,其实,既然电话交谈是一门说话技巧,那么,拨电话、等人接电话就都是电话沟通的辅助程序。正确掌握它们的技巧,对你的电话交谈沟通方式将起到不小的作用。

办公室电话忌聊私事

据统计,普通美国人平均每天要花 1 小时来打电话。按一年 365 小时计算,他们在 25 年中,至少要花相当于一年的时间来打电话。电话在生活中占有如此重要的位置,已成为人们须臾不可离的工具了。对于许多人来说,每天使用电话的次数要比拿刀叉的次数还多。

在工作中,我们时常会与电话打交道。电话是我们与上司、同事、下属、客户、朋友等沟通的媒介。在办公室中打电话是很平常的一件事。但是很多时候我们会碰到这样的人：总是借着办公室的电话给朋友打私人电话聊天，这样可以省去一笔电话费；也有人在别人工作的时候，很大声地与朋友聊私人电话，虽然他使用的不是办公室的电话，但是却影响了身边同事的正常工作。

不管你抱着什么心态，都最好不要在办公室聊私人电话，因为这不仅浪费时间，还会影响到同事的工作；更有甚者，如果刚好被你的上司听到你在办公时间聊私人电话，会让你的上司对你的工作态度产生怀疑，破坏你在上司心中的形象。

很多人把办公室比作是没有硝烟的战场。如果你长期使用办公室的电话打私人电话，会让同事们觉得你公私不分，甚至是吝啬小气，也会影响到你与同事之间的关系。

换个角度试想一下，如果是你的同事在你工作的时候，大声地打私人电话，你的心情会如何？所以，尽量不要在办公室和朋友打私人电话，这是对同事、朋友和自己的尊重。

情感交流篇

——话入肺腑如品茗,真心之言情更浓

相亲择偶时该如何交谈

现代社会中,虽然许多青年男女都会采取自由恋爱的方式结合,但是传统的相亲择偶仍然存在。许多将要相亲的人都会这么问:"见面后,我应该先跟他(她)说什么,才不会失礼呢?"的确,第一次相亲见面时的交谈是很重要的,甚至是相亲能否成功的关键。那么,相亲择偶时,我们到底应该说些什么,又该怎么说呢?

相亲的青年男女,在见面之前对对方已经有了初步的了解,例如,学历、年龄和家庭状况等。因此前来相亲者,多数对于预知的概况都是感到满意的。在相亲过程中,就可挑些双方都感兴趣的话来说。下面我们来看一下一对男女相亲时的对话:

"我喜欢吃,也喜欢烹饪,从中学时代就常常帮妈妈的忙,所以我对烹饪十分有信心。"

"那很好!这样一来,我经常可以品尝美味了。当你先生的人一定很幸福。"

"我学过葡萄牙菜和中国菜,现在正在学习日本料理和下酒小菜呢。"

"很好啊!下回再来拜访你,就让你请客。我的嗜好也是吃。"

"欢迎!我特别下点功夫,弄几道菜,像蚝油鸡片、八宝鸭、芙蓉鱼片汤,不错吧?"

"哇!这是正式的宴会名菜,不是一流的餐馆还做不出来呢!"

相亲时的交谈如果能够如此进行，最后缔结良缘的机会就相当高了。

同时，前来相亲的男性的目的往往是为了选择终生的伴侣，所以想结婚的女性在相亲的时候，一定要给对方留下美好的印象。"讨老婆，麻雀胜凤凰"，有人这么想，何况相亲双方早就看过照片，要是不中意也就不来了。因此，女性要使相亲成功，就要努力展示自己的魅力，让男性感觉你是一位有知识、有教养的女性，例如，钢琴弹得好、舞技高超、英语流利，等等。这些素养你不说，他是发现不了的。但魅力必须配合对方的兴趣来表达才正确，并且在宣传自己的魅力时要干净、利落地表现出来。

如何邀请心仪的女孩

在有些人的观念中，认为主动约会的一方，会有失身份，在以后的恋爱过程中就会被动。这种想法是极其幼稚的。男女双方，都可以主动提出约会。尤其是男方，在这方面更应该表现出主动的姿态。当你有了心仪的女孩时，要多多制造与她相处的机会，才能增进彼此间的感情。

初次接触后，怎样约女孩一起出游呢？大多数女生都会由于害羞和矜持而拒绝邀请，而男生也会因为害怕被拒绝，颜面扫地，而不肯死皮赖脸地去邀请女生。其实恰恰相反，只要男生主动一些，在言辞上略施小计，约女生出游并非难事。

不管一个女人的内心多么软弱，她也很少表露在外。所以，当你去邀请她时，不要用商量的口气问她："愿不愿意……"之类的话，而最好直接说："咱们一道去……"

如果用"愿不愿意……"这种问法，乍看起来好像非常"绅士"，但事实上给了对方说"好"或"不"的两种机会。警戒度高的女人，为了不节外生枝，干脆就摇头对你说"不"了。相反，如果你用单刀直入的问法那就大不一样了。如果能在你的言辞中加入更多的肯定语气，勾勒出更多的美好画面，那对方肯定会怦然心动，最终答应你的恳求。

下面这一段是一位小伙子煞费苦心劝说女朋友答应邀约的对话：

"你今天真漂亮，晚上 6 点钟我们出去吃顿饭、聊聊天，好吗？"
"不行。"
"我们应该彼此多了解一点。就在 6 点钟好了，到时我来接你。"
"不行。"
"说不定我们可以遇到一个我们喜欢的人，或是一件有趣的事呢！就今晚 6 点钟吧！"
"不行。"
"6 点钟见面以后，我们可以吃顿饭、看场电影，然后到咖啡厅去坐坐，我们会有一个非常美妙的夜晚，还是去吧！"
"是吗？"
"我发觉我越来越喜欢你，今天晚上一定要见到你，就 6 点钟，我来接你。"
"那好吧，6 点钟见。"

从这段对话中可以看出，这个小伙子很聪明，"肯定"加"引诱",在这段邀请词中,他表现出了极大的信心,他确信"会有一个非常美妙的夜晚",所描述的美丽场景已经钻进了女朋友的脑海里,她最后不得不"束手就擒"。

不要害怕太过主动,女生其实恰恰希望你能再多敲几次门,希望多听几次邀请她的话。只要做到情真意切,百折不挠,约她出来就并非难事。

与恋人初次交谈的成功秘诀

很多青年人在与异性初次交往时,往往由于缺乏准备,谈得不妙,"第一次"居然成了"最后一次",造成了抱憾终生的后果。

"谈情说爱",这4个字分明告诉你,欲获得"情"和"爱",非得"谈"与"说"不可。第一次与她谈,称之为"初恋的交谈",则更是一种艺术,非掌握技巧不可。它能使你在情窦的初萌中,把你丰富的思想、微妙的心声用妥帖的话语表达出来,去"接通"对方的脉搏,爆出初恋的火花,使爱情的烈火从此熊熊燃烧起来……这是一门复杂的学问,也是一个难题。这正如恋爱,没有固定的模式。这时仅就常见的几种形式的恋人进行探讨,希望能对更多的年轻男女有所帮助。

1. 同"搭桥式"恋人

一般来说,经人介绍,搭桥发生恋爱关系的恋爱对象,无论男女双方,大多是些恋爱无方、性格较内向的人。当你们赴约相见的时候,应该落落大方,主动启齿。

如果你认为自己是爱上他(她)了,那么,你可直言不讳地说:

"我似乎觉得今天与你认识心里很愉快……你呢?"如果被爱的双方或一方需要有待于进一步认识和考虑,那便可以说:"我希望我们的谈话以后能继续下去……你有这个意思吗?"如果双方或一方感到不满意,可以委婉地表示:"让我们都慎重地考虑考虑吧。"或者说:"我将征求我父母的意见……"以此作推诿,努力避免不满情绪的流露,保持交往的礼仪,互相尊重。

2. 同"一见钟情式"的恋人

伟大的俄国诗人普希金的代表作—诗体长篇小说《叶甫盖尼·奥涅金》中,女主人公达吉雅娜是个朴素热情、富于幻想、热爱自然的姑娘,她见到男主人公奥涅金后就立即爱上了他,并大胆地写信向他表白,诗中写道:

> 别人啊!……不,在世界上无论是谁
> 我的心也不交给他了!
> 这是神明注定的……
> 这是上天的意思:我是你的;
> 我的一生原就保证了
> 和你必定相会;
> 我知道,你是上帝派到我这里来的,
> 你是我的终身的保护者……
> 你在我的梦里出现过,
> 虽然看不见,你在我面前已经是亲爱的,
> 你奇异的目光使我苦恼,
> 你的声音在我的心灵里,

早已响着了……不，这不是梦！
你一进来，我立即就知道了，
完全昏乱了，羞红了，
就在心里说：这是他！

达吉雅娜见到奥涅金，真可谓是"一见钟情"。但我们这里所讲的"一见钟情"的爱恋，是指由爱恋的双方的直觉感官产生的，是由对方的形象、印象起决定作用的，如外貌、风度、言谈，等等，使男女双方的"钟情"往往产生于"一见"之际。

3. 同"友谊发展式"恋人

既然恋人是由友谊发展而来的，那么就比较难明确从哪一次开始不再作为朋友，而是作为恋人做第一次交谈的。在两位年轻人经历了漫长的友谊过程后，随着年龄、感情的增长，友谊出现了"飞跃"，产生了爱恋。我们把年轻人向他所爱的人表白爱情的言谈，作为同恋人的第一次交谈。

19世纪法国著名的微生物学家路易·巴斯特，他表达爱情的方式是颇具特色的。巴斯特在法国斯特拉斯堡大学任教时，认识了校长洛朗的女儿玛丽小姐，在友谊持续了一段时间后，巴斯特深深地爱上了玛丽。于是，他分别给洛朗先生、洛朗太太、玛丽小姐写了信。除了表达真挚的爱情外，巴斯特在给洛朗先生的信中写道："我应该先把下面的事实告诉您，让您容易决定允许或拒绝。我的家境小康，没有太多的财产。我估计，我的家财不过5万法郎，而且我早已决定把我的一份送给我的姐妹们了。所以，我可以算是一个穷汉。我所拥有的只是健康、勇敢和对科学的热爱,然而,我不是为了地位而研究科学的人。"巴斯特的言语非常坦率,非常诚实,又带着炽热的情感,他终于得到了玛丽小姐的爱情。

马克思同燕妮的爱情更是脍炙人口,在全世界人民中被广泛地传为美谈。马克思同燕妮从小青梅竹马,他向燕妮表示爱情,提出求婚时说:

"我已爱上一个人,决定向她求婚……"

此刻,一直深爱着马克思的燕妮心里急了,她问:

"你能告诉我,你所选择的恋人是谁?"

"可以。"马克思一面回答,一面将一个小方盒递给了燕妮,并接着说:

"在里边,等我离开后,你打开它,便会知道。"

马克思走后,燕妮怀着忐忑不安的心情,小心地打开小方盒,里边装的只是一面镜子,其他什么也没有。镜子里照出了燕妮自己美丽的容貌,燕妮顿时恍然大悟,幸福地笑了,被马克思所爱、所追求的正是她自己。

列宁同夫人克鲁普斯卡娅的"首次恋爱言谈",似乎有着传奇的色彩。列宁自己风趣地说,是在伏尔加河畔认识克鲁普斯卡娅的,是在"吃第四张春饼时爱上她的"。由于列宁没日没夜地为革命工作忙碌,没有时间顾及个人的恋爱私事,他只能把爱情的种子深深地埋在心底。直到当列宁和克鲁普斯卡娅被捕后,在监狱里,列宁才用化学药水给克鲁普斯卡娅写信,倾诉了埋在心底的火热的爱情。此后,列宁被流放到西伯利亚,在流放生活中,他抑制不住相思的痛苦，才在给克鲁普斯卡娅的信中提出求婚。在信的末尾，列宁是这样写的："请你做我的妻子吧。"列宁坦率、真情的求婚，使克鲁普斯卡娅非常激动，她毫不犹豫勇敢地向寒冷的西伯利亚疾跑，与列宁生活、战斗在一起。

沐浴爱河时应多多放"蜜"

恋爱中的男女相处的时候，有时候甜言蜜语非常受用，尤其是爱侣已经到了接近谈婚论嫁的阶段，你不妨大胆些，在言语间多放点"蜜"。

一般来说，女人有爱听温柔、甜蜜语言的天性，沐浴在爱河里的人的字典里，是没有"老套"这个字眼的。

任何海誓山盟，"爱你爱到入骨"的话也可说，不必怕肉麻，除非你并不爱她。

与她久别重逢时你可以这样讲："好像做梦，多么希望永远不要清醒。"

你以充满爱意的眼神望着你的心上人："总是惦念着你！我的感觉，好像一直跟你在一起。"

这是"无法忘怀、时时忆起"的心境，只要谈过恋爱的男女，一定有此经验的。说上面那句话不用怕羞，可以反复使用。相爱之初，热烈的甜言蜜语绝不会使人感到厌烦，也或许还认为不够呢！

"你喜欢我吗？"你不妨大胆地问。

"说说看，喜欢到什么程度？"或用这样的语气追问。

"请你发誓，永远爱我！"甚至你单刀直入地这样对他撒娇说。

"世界是为我们而存在,对不对?"

"你爱我,我可以抛弃一切!你也是这样?爱就是一切。"

有很多女性使用如此甜蜜的词句来表达爱意。接二连三地用这样的言语向男性表示"永远不变的纯情爱情",女性便会沉浸在自我的陶醉之中,而男性的反应也会是积极的。

"可以发誓,我永远爱你一人。纵使海枯石烂,爱情也永不变!"

男性若能够这么流利地说出来,一定表示他并不重视你,因为他对任何女性都这么说。

普通男性会说:"又来了!"感到畏缩与失望,口中哼哼嗯嗯地无法给予明确的回答,心中还想着其他的事,譬如房子需分期付款。

"对永恒不变的爱无法负责。"事实上,这才是男士的真心话。

当然,在爱情上,"我爱你"的言辞用得过多,未免有庸俗之感,倘若你换用"我需要你!"就显得有实际的感觉。

"需要"与"爱"所表现的感受,对于男性而言,似乎前者胜于后者。

男性在社会活动中,喜欢被人发现自己的存在价值。

恰当地运用甜言蜜语,可以使两人之间的爱情温度逐渐升高。然而这样的话只能用两人听得到的声音互相呼应,如果在许多朋友面前得意地大声说,周围的人会感觉很扫兴,还会很恶心。

"怎么了?愁眉苦脸的熊猫,明天工作一定会顺利进行,提起精神,振作吧!"

你选用这很开朗的呼唤与安慰。这时他会回答:

"我是愁眉苦脸的熊猫,那么你是花蝴蝶?"

甜蜜的称呼也会在两人之间产生情意的相投。他的心理逐渐恢复开朗,感觉到你赐予的爱情的温暖。

俘获女人芳心的 6 种武器

心理学家指出,女性的神经比男性脆弱,内心也比男性敏感、细腻。那么,如何才能俘获女人的芳心?如果你正处在恋爱中,那么以下几点将帮你赢得她的爱恋:

1. 善于制造巧合或机遇

一般女性对所谓的命运或算命的感觉都十分相信,所以这一类说法对她们自然十分有效。

男人要结交女友时,也可将偶然与命运同时运用。比如某男子归还一条拾获的女性手绢时,便可这样对她说:

"你的长相与我初恋的女友真是太相似了。"

以后便可以常故意制造一些偶然与她碰面的机会,并且要让她感觉这些偶然都是命运的安排,必须时常强调说:

"难道我们之间真有这么多偶然吗?或许是上天有意安排。"这对男女在不久的将来必定会双双步上红地毯。

2. 激发她心中隐藏的爱情

温柔的话,在耳边轻声细语,能使一个人苏醒过来。"语言是伟大的,语言是有生命的。"当你们相对无言或相处紧张时,不妨说一点情话。

下面的话,不管是男人对女人,还是女人对男人,只要是出自诚心诚意的,都会让对方感到温暖。

"爱你。"

"只有你。"

"喜欢你。"

"和你在一起很快乐。"

"没有你就很寂寞。"

"我等你。"

"我要你。"

"请你说你的事情。"

"你太棒了。"

"我知道你的心情。"

"你是一个好人。"

"需要你。"

"想过你的事情。"

"打电话给你好吗？"

"只要能和你在一起，一切都是美好的。"

3. 不要怕女人的拒绝

许多男人追求女人不能得手的原因，是他们没有信念去冲破对方的一道藩篱，往往在对方哼个"不"字的时候，便信以为真，而裹足不前。

他们忘记了女人与生俱来的天性——"男人是追求者，女人是被追求者"的观念。所以，她说"不"，其实只是一种形式上的客套，谦逊一下而已。可惜的是不少男人虚度半生，对于此中奥秘的知识却是知之甚少，一旦听见女人说个"不"字，便以为她真是这样拒绝了你。

天下最大的蠢莫过于问一个女人让不让吻她，你得知道，在这情形之下，女人是不能够答应你，投进你怀里让你痛吻的，也不愿意模棱两可地，喃喃自语而仍然坐着不动，等待你的"进攻"。所以，她是出于矜持，不能不说一个"不"字。

4. 让秘密留在心中

不管对恋人信任到怎么可靠的程度，有好些事情，如果没有说的必要，在开口之前，最好还是考虑一下的好。

在这一原则下，唯一告诫的是千万不要把你过去的恋情告诉她！这容易在她的心中留下阴影。

你的目的是在说明旧恋人不好，而这根本就没有说的必要。如果你在说旧恋人比她好，则她的心理反应是："为什么你又爱我？"同时，在这心理发展之下，你将会碰到许多的麻烦，日后你也不会安宁。

过去的恋情既然不应该告诉你的恋人，那么，属于过去恋情的痕迹也不应该出现于恋人的眼前。

有些太痴情的男子，对于已经死去的旧恋人念念不忘，往往保存着旧恋人的照片或别的东西作为纪念，这种行为是新恋人所不能接受的。

妒忌是一种不可解释的心理，尤其是女人，她决不容许自己的恋人除了她之外，同时还拥有别的女子的观念，因为爱情是专一的，而你必须属于她一个人。

5."爱语"很重要

"如果你爱我的话，有什么为证呢？"这是女人经常挂在嘴边说的话。女性就是希望在有形的，眼睛和耳朵都能感觉到的形式上确认"自己对他是不可缺少的人"。例如，恋人之间在见面的时候，男方没有抱抱她的肩或握握她的手,她就要怀疑他是否爱她,甚至因此而解除婚约的女性也大有人在。妻子新做的一个发型,或穿上了一件新衣服时,做丈夫的假如不发一言,她会认为你无动于衷,这样她就会感到不满。

女性要求承认的欲望很强,恋爱中的更不用说了,就是在结婚后,女人也爱问:"亲爱的,你爱我吗?"她时常要求确认"爱",而对此感到退却的大多是丈夫。在男人看来,不管如何爱她,"我爱你"这三个字只要讲过,就不想说第二次。男人总是这样认为:"我是否爱你,可以在实际行动中表现出来。"

可是,对女性来讲,语言比行动更为重要。假如男人不在她们耳边重复着说"我爱你",她们就认为不能与对方沟通。处于幸福、甜蜜状态的女性,都是根据丈夫的"爱语"或反复的动作得到安心和了解的。

因此,满足这种心理是男性的任务,"我爱你""我喜欢你"这些话对女性是非常重要的。她们认为这样是女性显示内在价值和魅力的标志所在。

6. 女性更需要口头的友爱

陪着女人散步的时候,最优雅的姿态,就是挽着她的手慢慢地走。不要动不动就把手臂弯过她的腰围,除非在偏僻的地方。

即使你和她的关系还未达到可以挽着她的臂腕的程度,你也不必把两手插进裤袋里去,更不要边走边吹口哨。试想,谁愿意和一个无赖汉同行呢?

当她提议要往回走的时候,多半是她兴致已尽的时候,最聪明的做法,还是顺从她的意思吧!不要死命地纠缠不休。要知道,即使她无可奈何地继续陪你走,也是不会高兴的,更糟的还在后头,下一次她可能不愿意轻易地答应你的约会了!

如果你和她的关系仍然是在客气阶段,那么,对于每个有关她的提议,你都加上一句"方便吗?"的征询语,是最优雅而又得体的态度。女人是喜欢人家尊重她的。

如果你问她:"我送你回去好吗?"而回答的是一句普通客气话:"谢谢,不必送了。"这是表示你可送她。假如用较为严肃的语气回答:"用不着,我自己回去得了!"这是表示她有不便之处,这时,你应该知趣,还是回头是好,以免出现难堪的局面。

多交谈是情感保值的秘密

"相爱简单,相处太难。"在恋爱之初,相互觉得性格相投、相处融洽,为什么一旦有了婚姻之后,却发现彼此间有那么多的差异,作为截然不同的两个个体,这时,语言的沟通有着极其重要的作用。

在性格不同的夫妻身上,我们往往更容易发现一些不尽相同的特点,或者会遭遇到一些不熟悉、不习惯的东西。如果我们对那些与自己不同特点、习惯、兴趣和爱好的人过分挑剔,其结果是不堪设想的。

林肯一生的大悲剧,就是他的婚姻,而不是他被刺杀。请注意,是他的婚姻。布斯开了枪以后,林肯就不省人事,永远不知道他被杀了,但是几乎23年来的每一天,他所得到的是什么呢?根据他律师事务所合伙人荷恩登所描述的,是"婚姻不幸的结果"。"婚姻不幸"说的还是婉转的呢！几乎有1/4个世纪，林肯夫人唠叨着他，骚扰着他，使他不得安静。

她老是抱怨这，抱怨那，老是批评她的丈夫：他的一切，从来就没有对的。他老是伛偻着肩膀，走路的样子也很丑。他提起脚步，直上直下的，像一个印第安人。她抱怨他走路没有弹性，姿态不够优雅；她模仿他走路的样子以取笑他，并唠叨着，要他走路时脚尖先着地，就像她从勒星顿德尔夫人寄宿学校所学来的那样。他的两只大耳朵，成直角地长在他头上的样子，她也不喜欢。她甚至还告诉他，说他鼻子不直，嘴唇太突出。看起来像痨病鬼，手和脚太大，而头又太小。

亚伯拉罕·林肯和玛利·陶德，在各方面都是相反的：教育、背景、脾气、爱好，以及想法，都是相反的。他们经常使对方不快。

"林肯夫人高而尖锐的声音，"最杰出的林肯研究的权威、原参议员亚尔伯特·贝维瑞治写着，"在对街都可以听到，她盛怒时不停的责骂声，远传到附近的邻居家。她发泄怒气的方式常常还不仅是言语而已。她暴躁的行为简直太多了，真是说也说不完。"

举一个例子来说，林肯夫妇刚结婚之后，跟杰可比·欧莉夫人住在一起——欧莉夫人是一位医生的遗孀，环境使她不得不分租房子和提供膳食。

一天早晨，林肯夫妇正在吃早饭，林肯做了某样事情，引起了他太太的暴躁脾气。究竟是什么事，现在已经没有人记得了。但是林肯夫人在盛怒之下，把一杯热咖啡泼在她丈夫的脸上，当时还有许多其他房客在场。

当欧莉夫人进来，用湿毛巾替他擦脸和衣服的时候，林肯羞愧地静静坐在那里，不发一言。

林肯夫人的嫉妒，是如此的愚蠢、凶暴和令人不能相信，她在大众场合所弄出来的可悲而又有失风度的场面——在75年以后——都叫人惊讶不已。她最后终于发疯了。对她最客气的说法，有专家分析指出，她之所以脾气暴躁，或许是受夫妻之间缺少情感交流的影响而造成的。

恩爱夫妻有一个共同的特点，就是在通向恩爱和睦的大道上，是需要付出代价的，爱情需要时间的考验、精神上的投资。他（她）们有什么样的共同秘密呢？

1. 多商量

在家中，多点民主空气，凡事多商量，许多棘手的问题，往往可迎刃而解。比如，过年过节，爱人要给岳母买点礼品时，问你："买点啥？买多少？"你可一概说："这些事用不着我管，一切由内务部长全权处理。"当爱人提出一个数目征求你的意见时，你不要说："多了！"或惊讶地说："那么多！"而要说："少了点吧！再添几个。""妈妈把咱带大不易呀！"这样，不仅你把爱人打发得满意，而且为你给父母买点东西打下了基础。再如，小舅子，小姨子结婚要送礼，爱人问："送多少钱？"你还是那句话："这些事用不着我管。"夫妻双方有事共同商议，自然家中享太平。

2. 多安慰

一个人在受到委屈时，特别需要谅解、关怀和安慰，女性更是如此。当她因家庭中某些事忙得心烦意乱而生闷气时，此刻，几句安慰话胜似"灵丹妙药"。星期天是双职工最忙的时刻，偏偏这天你又加班,特别是几个星期连续加班,一切家务活都推到你爱人身上了,这时,她又要洗衣服,收拾屋子,孩子又哭又闹,什么活也不让她干,她那个心烦劲就别提了。于是把气一股脑儿都发泄在你身上。你还没回家就开始骂了,骂你"瞎积极",骂孩子不听话。这时,如果你有一种功臣思想,感到上班很累,回家应该好好休息一下,于是,兜子一扔,炕上一躺,十之八九,你爱人不会给你好脸看,这个架就很可能吵起来。反之,你如果有一种内疚的心情,感到我不在家,她太累了,于是一进屋就拣好话说。比如,见到爱人正在洗衣服,就说"我来洗",或说:"我来帮你晾,你洗这么多,我还打算回来洗衣服呢!""来!丽丽,看爸爸给你买什么了!"孩子高高兴兴地拿走了小玩具,家里活又有人帮忙了,这时,她的心中像流进了一股暖流,委屈消失,脸上"多云转晴"。

3. 少泄气

夫妻间任何一方在生活中都难免遭受意外或"不幸",在工作中难免有挫折,这时对方的安慰和鼓励就十分重要了,它能给人勇气和力量;如果妻子把自行车丢了,十分焦急懊恼。这时丈夫安慰说:"不要急,上派出所去挂失,也许会找到,实在找不到,就用我那辆,反正我离单位近。"妻子听了,觉得丈夫很大度,自然宽心。如果丈夫是这样说:"真是怪事,怎么没把自己也丢了呢?"妻子本来懊恼不止,丈夫又火上浇油,引起妻子唠唠叨叨,揭丈夫老底,到头来肯定战事不休,鸡犬不宁。

诚然,夫妻间要注意的方面还有很多,但只要以诚相待,注意各自的修养,讲究交谈艺术,就能使夫妻生活更加幸福美满,恩爱。

争吵有度，和好有方

俗话说："谁家的烟囱都冒烟。"即使是最恩爱的夫妻，相互间也难免发生争吵。一般口角，吵过之后也就完了，但是，如果争吵起来不加控制就可能激化矛盾，引出意想不到的坏结果。所以，夫妻争吵有必要控制好"度"，即使在最冲动的情况下，也不要超越这个界限。

这里要注意以下几点：

1. 不带脏字

争吵时，夫妻双方可能高声大嗓，说一些过激过重的话，但是绝不能骂人，带脏字。有些人平时说话带脏字和不雅的口头禅，争吵时也可能顺口说出来。然而，这时对方不再把它当成口头禅，而视为骂人，因此同样会发生"爆炸"。

2. 不揭短

一般说来，夫妻双方十分清楚对方的毛病和短处。比如，对方存在生理缺陷、个子小、不生育，或有过失足等。在平时，彼此顾及对方的面子而不轻易指出。可是一旦发生争吵，当自己理屈词穷、处于不利态势时，就可能把矛头对准对方的短处，挖苦揭短，以期制服对方。

有道是"打人莫打脸，骂人不揭短"，任何人都最讨厌别人恶意揭短，这样做只会激怒对方，扩大矛盾，伤及夫妻感情。

3. 不翻旧账

有的夫妻争吵时，喜欢把过去的事情扯出来，翻旧账，拿陈芝麻烂谷子作证据，历数对方的"不是"和"罪过"，指责对方，或证明自己正确。这种方式也是很愚蠢的。夫妻之间的旧账很难说得清。如果大家都翻对自己有利的那一页，眼睛向后看，不但无助于解决眼下的矛盾，而且还容易把问题复杂化，让新账旧账纠缠在一起，加深怨恨。夫妻争吵最好"打破盆说盆，打破罐说罐"，就事论事，不前挂后连，这样处理问题，才容易化解眼前的矛盾。

4. 不涉及亲属

有的夫妻争吵时，不但彼此指责，而且可能冲出家门，把对方的父母、亲属也裹进来。如说："你和你爸一样不讲理！""你和你妈一样混账！"等。如此把争吵的矛头指向长辈是错误的，也是对方最不能容忍的。

总之，夫妻争吵只要把握好了度，就不会伤及感情，"雨过天晴"，两个又会和好如初。当夫妻因事发生矛盾出现冷战局面时，到一定程度就要有一方首先打破沉默，这时另一方就会响应，夫妻握手言和，重归于好。

5. 不贬低对方

最容易激起对方反感的莫过于拿别人家的丈夫、妻子作比较，来贬低自己的丈夫或妻子："你看看人家老王，有手木匠活多好，光是每月给别人做几个大柜，就几百块了。""同样的收入，人家小陈家每月可存入几十元，你呢？月月超支，怎么当家的？"

俗话说："人比人，气死人。"要是对方接受数落，咽下这口气倒也罢了，就怕对方敬你一句："你觉得他（她）好，怎么不跟他（她）过去呀！"长此下去，夫妻关系必然产生裂痕。

6. 留下退路

小两口打仗，妻子的绝招之一就是抓上几件衣服或抱上孩子回娘家。此时丈夫如不冷静,总是在盛怒之下火上浇油,送上句"快滚吧,永远不要回来"之类的伤人话就会使事态更为严重。反之,当你觉得妻子的走已成定局时,如果施些补救之计如追妻至大门外:"你走了我怎么生活!""等一等,我去给你叫辆出租!""就当今天是星期天吧,明天就回来!"如此等等,话说到点子上,常能打动对方的心,即便是她走了,但感觉总是不一样,为她的回归留下了余地。

7. 打电话向对方道歉

当面讲难以启齿,而在电话里讲,双方都比较自然、方便,也可以通过其他话题进行沟通。夫妻生活在一起,家务事总是有的。上班时,你可一个电话打给对方,以有事相商来引发对话。此种方法应既考虑对方乐意接受的内容,且又给对方发表意见的机会。

8. 认错求和

如果一方意识到发生矛盾的主要责任在自己,就应主动向对方认错,请求谅解。如:"好了,这事是我不好,以后一定要注意。这件事是我考虑不周,责任在我,我赔不是,你就不要生气了,气出病来可不划算!"对方听了,一腔怒火也许立刻就烟消云散。

退一步说,即使错误不在自己一方,也可以主动承担责任。

9. 求助示弱

早晨起床时,已经几天没与妻子说上一句话的丈夫问妻子:"你给我洗好的那件白衬衣放到哪里啦?"早已想和丈夫恢复正常的妻子见有了台阶,忙着应声:"你这个人呀,总像客人似的,衣服放在哪儿都不清楚,我去给你拿来。噢,对了,昨天还给你买了件新的,只是忘了告诉你。""是嘛,快拿来看看,还是老婆心里有我,斗气也没有忘了冷暖。"这一来一去关系自然就好了。在化解沉默中,女方

"示弱"也是一小招。如早晨或晚上表现出不舒服、不想动、吃几片小药什么的，都能引出丈夫的话题，因为男人在关心妻子时开口，这绝不是屈从的表现，不会有损于大丈夫的形象。

10. 直言和解

如果双方的矛盾并不大，只是偶然出现摩擦，就可以直截了当和对方打招呼，打破沉默。如说："好了，过去的事就叫它过去吧，不要再憋气了。"对方会有所回应，言归于好。也可以装作把所有的不愉快都忘掉了，像什么事也没有发生似的，主动与对方说话，对方如顺水推舟，便可打破沉默。如上班前，丈夫突然对还在生气的妻子问："我的公文包呢？"见丈夫没有记仇，妻子也不好意思不理睬，应声道："不是在衣柜上吗？"这样就打破了僵局。

11. 幽默和解

开个玩笑是打破僵局的最佳方式。如果我说："你看世界上的冷战都结束了，我们家的冷战是不是也可以松动一下？""瞧你的脸拉那么长干什么！天有阴晴，月有圆缺，半月过去了，月儿也该圆了吧！女人不是月亮吗？"对方听了大多都会"多云转晴"的。

总之，只要一方能针对矛盾的具体情况，采取相应的沟通方式，巧用言语，就可以尽快打破僵局，让家庭生活恢复往日欢乐与和谐。

倒追怎么开口最好

在中国古代社会中，女孩都是矜持的，从不主动开口说"爱"，倒追男孩的女孩肯定是为世俗所不容的。但现在的女孩子在接受开放思想的熏陶以后，大多数都不会再羞答答地等待男孩表白了，当她们有了心仪的对象时,都会主动创造机会与男孩相处。

积极主动、会沟通的女孩,追到自己喜欢的男孩的概率比不主动、不会沟通的女孩要高很多。那么,女孩子要如何打动男孩子的心呢?

倒追男人,聪明的女孩会主动创造机会,而不是等待机会。她们享受追求的整个过程,这个过程浸透了她的耐心和技巧。

有一个女孩住在一家医院附近,她看上了一个医生,苦于没机会接近他,于是想到一个方法。有一天,女孩双手抱满东西,和迎面匆匆而来的一个人撞了个满怀,东西散落一地。这个人当然就是那个医生,他为自己的不小心连声道歉,同时帮她捡起散落的物品。女孩一脸害羞又通情达理地说:"没关系,你也是太忙碌了,才弄成这样嘛!"

初次的计划成功后,女孩每天在医院的下班时间牵着小狗在附近徘徊。几天后,她又遇到了那个年轻医生,两个人攀谈起来,不久之后成了恋人。

还有一个女孩追一个男人,她发现这个男人早晨有跑步的习惯,于是她也开始跑步。

一次在跑到男人面前时,她友好地和他打招呼,脚下却失去平衡摔倒在地,她碰破了膝盖,男人把她带回住处,并给她敷药。这样,她虽然跌伤了,却得到了和男人接近的机会。

适当地使用一些小计谋,往往都是你成功倒追的开始。

还有一些女孩总是很烦恼,因为她们在和自己心仪的男孩相处时，会感到十分紧张，也找不到合适的话题。

如果你因赴约会而紧张，有一个秘诀就是：把紧张诠释成兴奋。聪明的女孩会把和男人约会、谈话当成一种乐趣。她会细心地去了解男人对她说的每句话的真正含义。因为一句玩笑，一句对工作的怨言，都可以泄露男人内心的问题和麻烦。而只有真正了解了对方的想法，聊天才不会流于表面，而是可以更深入接触到对方的内心。

走出"三角恋爱"的误区

正常的恋爱关系应该是一对一的，即一个人只接受一个异性的爱，并与其保持恋爱关系。然而，在现实生活中，还存在这样的情况：两个人同时或先后爱上一个人，也可能是一个人同时或先后爱上两个人，这就形成恋爱的三角关系，也叫"三角恋爱"。

三角关系不是正常的恋爱关系，它会倍感苦涩，而且很难体会到爱情原有的甜蜜，最终还有可能产生难以预料的后果。因此，人人都不希望自己卷入三角恋爱的关系之中，但要是不幸碰上了，还是必须对其进行妥善地处理。

（1）切忌不冷静，采取过激行为，甚至以死威胁，这样只会适得其反。

（2）可以更加积极主动地展开爱情攻势。这种攻势不仅可以使对方为之感动，还可使他（她）周围的人倒向你这边，并给第三方造成极大的压力。

（3）要适时地抓住时机，向恋人表明你的心意，让你们的感情更深。这样，就算出现第三者，恋人的心意也会很坚定地向着你。

（4）有时不妨做出适当的退却，以便使对方更冷静地掂量自己的感情。

（5）如果第三方也是你的好友，这时就应该保持一颗超然之心，可以趁着你俩喝得微醉时，对他说："跟你说句心里话，我爱上了××，这种感觉真是叫我难以言表，帮我出出点子，如何？"这样或许能让好友成全你。但如果这招不灵，应该将主动权交给那个你们共同爱慕的人，让她（他）来做出决定，前提是不破坏你与朋友的友谊。

和现在的恋人在一起时偶遇以前的恋人

恋爱中的男女许下海誓山盟的诺言是极其自然的事情，比如，将来要给对方一个好的生活环境，发誓一心一意只爱对方一人，答应照顾对方一生一世等。可是美好的愿望不一定都能变成现实。因为各种各样的原因，所以男女双方的恋情不一定有完美的结局。这时，多数人会选择分手，去寻找更适合自己的新生活。

如果将来某一天，与当初的恋人不期而遇，不管此时其中的一方或双方有没有新伴侣，或多或少都会在心理上掀起波澜，扰乱平静的心。如果你不善于控制自己的情绪，态度含糊、举止失措、应对失常，就可能让场面更加尴尬，甚至还可能会影响你和现在的恋人的感情。那么，如果与现在的恋人遇到以前的恋人，要怎么样表现才恰当呢？

（1）审时度势，根据实际情况，采取相应的措施。无论你对以前的恋人是爱是恨，一定要珍惜、保护眼前人，至少要考虑一下他

（她）当时的感受。

（2）如果以前的恋人主动和你打招呼，不论他（她）有什么样的目的，只需不卑不亢，落落大方地问候一声，保持常态，不失礼节就可以了。

（3）如果发现以前的恋人依然对你余情未了，为避免麻烦，应及时主动向他（她）介绍现在的恋人。不仅可以让他（她）知难而退，而且还可以安抚眼前人。

（4）如果以前的恋人表现得比较友好，你也可以适时展现风度，问问他（她）的近况，开几句无伤大雅的玩笑，让他（她）感到，当初的感情已经升华了，目前你对他（她）只有朋友间的关心。

（5）如果以前的恋人对你因爱生恨、冷嘲热讽，你也不用客气，可以冷静地回击他，但必须保持风度。

让对方不失体面地收回"爱"

爱情是一件美好的事，如果爱你的人正是你所爱的人，那么被爱是一种幸福。但是，假如爱你的人并不是你的意中人，那么被爱就不是一种幸福了，可能会是反感甚至是痛苦。别人向你求爱，他（她）没有错；你拒绝他（她）的爱，你也没错。最关键的是怎样拒绝，如果拒绝得恰到好处，对双方都是一种解脱。如果你不讲方式，不但伤害了他人，说不定还会伤害自己。

初次交朋友，你也许有过这样的难题，由于对方是你上司介绍的，或者是上司的子女，让你在拒绝上产生了犹豫，虽然每次见面都会使你感到不舒服，但一想到对方的身份、上司的威严，总是很难开口说出那个"不"字。你被这份"多余"的爱折磨得痛苦不堪，不知该如何去做。

很多人遇到不喜欢的人的示爱都不知道该怎样拒绝，由于处理得不当，导致了"害人害己"的后果。可见，掌握一定的拒绝方法是相当重要的。

（1）若已有意中人，又遇到求爱者，那么就直接明确地告诉对方，你已心有所属，请他另选别人。但切忌向求爱者炫耀自己恋人的优点、长处，以免伤害对方的自尊心。

（2）倘若你认为自己年龄尚小，或是有学业上的压力或事业上的追求，暂时不想考虑恋爱问题，那就讲明情况，好言劝解对方。

（3）不要直接指出或攻击对方的缺点或弱点，也不能以一种"对方不如自己"的优越感来拒绝对方。

（4）如果不喜欢求爱者，可以在尊重对方的基础上，婉言谢绝。但是，态度一定要真诚，言辞也要十分小心。

理智化解夫妻间的争吵

夫妻唇齿相依，就免不了唇齿相咬。因而，对于这对矛盾体，夫妻之间发生争吵，实属正常。

俗话说："夫妻没有隔夜仇，床头吵架床尾和。"争吵虽会在平静的生活中激起波澜，但是往往事情过后双方会加深了解和体谅，乃至回味无穷。但是，这种化解艺术并非人人都能掌握，弄不好还会导致家庭破裂。既然有些架非吵不可，那么我们还是要试着学会去化解，至少要把其中的冲突减少到最低限度。

（1）与对方发生争执时，要控制自己的情绪，说一些宽慰、幽默的话来缓和气氛。

（2）夫妻之间发生矛盾时，千万不要用尖酸、刻薄、讽刺的话去伤害对方，否则自己痛快了，对方却好几天缓不过来。

（3）当遭遇爱人的"无礼"时，要豁达大度，做一个理智的让步，这不仅对自己有好处，而且能避免把事态弄得很僵。

（4）发生矛盾时，要保持冷静的头脑，将心比心、设身处地地为对方设想，话要说到点子上，这样，才能使爱人消气，言归于好。

（5）夫妻吵架是两个人的事，切忌把外人牵扯进来。吵架后，也不要轻易"断绝外交关系"。

沉着冷静地应对爱人的外遇

随着社会的发展，人们的价值观念、需求层次、生活方式、审美观念，都发生了很大的变化。一些曾经"委曲求全""凑合着过"的家庭便以一股特有的力量，冲击着既有的束缚。于是，重温旧梦或寻求新的爱情寄托的冲动，使婚外恋情出现的概率越来越高了。

夫妻之间如果一方有了外遇，另一方与之吵架、争执或无休止地嫉恨并不是好的解决方法，甚至还可能加深对方厌烦的情绪，使夫妻感情更加恶化。这时，应仔细想想，为何对方会有外遇？是性生活不满意？是自己不够体贴？还是自己某些言行使对方不满意？恶化的夫妻感情在对方有外遇时再试图挽救，往往较为困难。

当爱人有了外遇时，一部分人首先想到的就是离婚。爱人的不忠固然可恨，可离婚并不是件容易的事情，更何况一个家庭的建立，双方都付出了大量的心血。原谅对方，心中的痛苦和愤怒实在难忍，感情裂痕也难以愈合，似乎也太便宜了对方。一般情况下，有些家庭的小舟就是这样倾覆的。

"外遇"的发生有多种诱因，发生"外遇"后夫妻的心境也大不一样。只要夫妻感情尚在，那么，一旦一方有了"外遇"，不仅受伤害的一方痛苦，就是有过失的一方也是十分懊丧的。那种"一哭二闹三上吊"、轻易撕破脸的做法是不可取的。辱骂可能有一时的抑制作用，却不能解决根本问题，弄不好，反使对方丧失"自尊"，破罐子破摔，直接倒向"第三者"那边。

最理智的方法是，双方开诚布公地谈一谈，看感情复合的机会有多大？第三者在中间占多大分量？如果夫妻双方都认为婚姻尚有维系的希望，则应针对以往婚姻失败的原因多加思考并及时改进，以修复夫妻感情。如果夫妻双方都认为婚姻无法再继续维系，两个人继续生活在一起很痛苦，那暂时分居或离婚也许是最好的选择。

爱人昔日的恋人出现了怎么办

很多时候，恋人或夫妻分手是因某些客观外在的因素，而并非因感情破裂，虽然分手了，但他们心中仍然没有忘记对方，仍保留着对对方的一份情感。只不过新的婚姻、爱情使他们把那份情感深埋，不再外露罢了。就我们生活的狭小圈子来说，难免会碰上昔日的恋人，那么这时候该怎么办呢？

老程夫妻当初并不是因为爱情而结合，而是在婚后的共同生活中逐渐有了感情。但是，最近妻子过去的恋人出现了，而且这个人是妻子在婚前真心爱过的人，后来因家庭原因才分手的。而昔日的恋人一直未婚，让妻子觉得这是她的错。

因此，妻子的情绪十分低落，聪明的老程已猜出了八九分。在他的追问下，妻子才说出她碰到了昔日恋人，面对昔日恋人的落魄样，她还流了泪，使她心里更不安的是昔日恋人经常给她打电话。老程叹口气说，如果他再约你见面，你就好好和他谈谈。"我相信我会与他成为好朋友的！"老程还特意补充了一句。

丈夫的理解，妻子感动万分。于是，在与昔日恋人的再次约见中，她推心置腹地谈了自己心路历程的变化，说明他们重修旧好已不可能，她的真诚换取了昔日恋人的理解，也唤起了昔日恋人重新择偶的念头。最后，她还真的使两个男人成了朋友。

当然我们表现出宽容大度的同时，也可将浓浓的情感寓于淡淡的醋意之中。比如，当得知丈夫要与昔日恋人见面，妻子心中虽然很不快，但没有明显表露，反而很大度地支持丈夫前去赴约。而当丈夫归来时，妻子用楚楚可怜的目光注视着丈夫，然后说声"我原以为你去去就回来，没想到你会与那个女人待这么久"之类的话语，丈夫看着你朦胧的泪眼，连感激都来不及，岂能还有他想？

说服父母有妙招

许多子女都说与父母有代沟。的确，父母因为年龄的原因，与社会有些脱节。而因为缺乏交流的艺术，双方经常产生摩擦。家庭中父母与子女间的摩擦，许多是两代人之间的思想分歧，解决起来不大容易。而偏偏长辈大多固执，后辈又执拗，他们觉得自己正确的时候，往往靠争辩解决问题，这就更加激化了矛盾。

在这种情况下，如何说服父母，就需要一定的技巧。说服父母是一种特殊的交流和沟通过程。

1. 利用类比讲明道理

在说服过程中，可以巧妙地把父母的经历和自己目前的状况类比，以求得他们的理解，使他们没有反对的理由。

比如，有一位大学毕业生想到南方闯一闯，家长不同意，他这样找理由说服父亲："爸，我常听你说，你16岁就离家到外地上学，自己找工作，独自奋斗到今天！我现在比你当时还大两岁呢，我是受你的影响才这样决定的，我想你会理解和支持我的。"

这样一来，儿子成功地说服了父亲，父亲无法再坚持自己的意见了。

一般情况下，做父母的都有自己认为辉煌的过去，他们免不了以这些资本教育子女。对于已成年的子女，如果要干一番事业但受到父母的阻挠时，就可以拿他们的经历作为论据，进行类比，这样有很强的说服力。

2. 献殷勤，套近乎

献殷勤，不是虚情假意，而是要实实在在地孝敬父母。虽然父母有许多缺点，可做儿女的应该真心实意地爱他们，关心他们的冷暖和健康，为他们分忧解愁。有了这个心理，你就会有许多"献殷勤"的办法，也会有诚恳、礼貌、亲切的态度，自然而然就会说得顺耳，讲得动听了。

需要提醒的是，当父母问你什么事情时，这是送上门的"献殷勤"的好机会，你一定要耐心、认真地正面回答或解释，这样一定会换得父母更多的怜爱。长辈总想更多地了解晚辈的生活,你只要耐心地陪着他们就足够了。

人与人之间应该互相尊重,子女对父母更应该如此。而这种尊重,很重要的一个方面就是经常向老人请教和商量问题。除了那些自己能够预料到的肯定与父母的观点存在明显分歧,而又必须坚持己见的问题之外,其他的事情,则应该经常及时地与父母商量,听听他们的意见,这无疑是有好处的。即使清楚地知道自己与父母的观点绝对一致,也不妨走走过场,以求得意见一致时所带来的愉快心情。

3. 以父母的期望作为自己的旗帜

父母对子女的未来都寄予厚望,望子成龙是他们梦寐以求的,而且在日常生活中,父母常常教导子女要敢闯敢干,将来要做一个有作为、有成就的人。

在说服他们时,只要你提出的意见与他们的目标一致,就可以抓住这面旗帜,作为有力的武器,为己所用。

有一位刚毕业的年轻人在一家公司找到一份工作,而父亲不同意儿子的选择,正在托人给他联系某国家机关。这个年轻人说:"这个公司我了解过了,很有前途,生产的是高科技产品,和我学的专业很对口。再说,国家机关好是好,可是人才济济,我到那里要想干出一番事业,恐怕机会不多。可是,在这个公司就不同了,我去那里,总经理要我马上把技术工作抓起来,这是多好的机会。我从小就依靠你们,没有主见,我现在长大了,觉得你说得对,这个决定就是我自己独立思考定下的。我想你一定会支持我的。"

听到这里，父亲还能说什么呢？

一般说来，父母很注意自身的尊严，对过去说过的话不会轻易失信，而且会及时兑现。所以，在说服他们时，就可以适当利用这种心理，用他们的话作为自己的旗帜，很容易就会成功。

4. 发挥坚决的态度的震撼力

子女在说服父母时要表明自己的坚决态度，让他们明白自己的选择是慎重的，是下了决心的，不管遇到什么情况都不会动摇，即使决定错了，也准备独自承担责任，决不后悔。

这种坚决的态度具有柔中寓刚的作用，对于父母有强烈的震撼力。父母从中可以看到子女的主见和责任感，就不会硬顶着把事情搞僵，反而还会顺水推舟，同意子女的意见。

一位女孩的父母不同意女儿和那个男孩谈恋爱，她对父母说："在这件事情上我决心已定，希望你们能理解女儿的心思。以后吃苦受累我也心甘情愿。如果你们硬不同意，那也没有办法，就当没有生我这个不孝的女儿吧。不过，我是多么希望你们能理解和支持我呀！那样，我会感谢你们的。"

话说到了这里，父母还能说什么呢？他们并不想失去女儿，既然女儿已经铁了心，为什么还要苦苦相逼呢？这个事例中，女儿的决心起了重要作用。

最后，需要指出的是，如果自己的意见不正确，甚至完全错误，那就不是说服父母的问题，而是应该愉快地放弃自己的意见，采纳他们的意见。当然，这同样也需要勇敢和理智。

正确对待父母的责骂

很多家长受"棒下出孝子"观念的影响，常有责骂子女的事情发生，作为子女，遇到这样的父母时应怎么办呢？

首先要理解父母的心情。父母责骂你多半是出于你的不争气、不努力，辜负了父母的希望，责骂，是想唤起你的觉悟。我们应该理解父母的举动，找找自己的原因，不要与父母计较态度，向父母主动承认错误。只有严格要求自己，以后不犯类似的错误，才能避免父母的再次打骂。一个真正懂事、孝敬父母的孩子是不会计较父母行为的，应该更多看到自己的过错和给父母带来的伤害，体谅父母不正确做法中的合情合理成分，看到隐藏在打骂背后的父母的一片苦心。如果挨打主要是由于父母性情粗暴、教育方法不当造成，就要做必要的解释工作："我知道您这是为我好，但我都这么大了，知道对错，能分清是非了，希望您以后别再操心了。""您对我的期望我理解，但这种暴力教育方式我很难接受。"等等。但说这番话时最好在他们情绪暴怒之前，或事情过后父母心情平稳下来的时候，否则只能是火上浇油。

其次不要自作聪明。无论在何种情况下挨了打，都不能赌气，产生对立情绪，说出诸如此类的话"你们不配做父母"，"你凭什么打我"，"我以后再也不进这个家，不想看见你们"。这样的话不但会使父母更伤心，矛盾更激化，更重要的是会因为我们不听从父母的忠告，犯更大的错误。有些人，特别是青少年对父母的打骂心里不满，表面装得无所谓，为免受皮肉之苦以消极的态度应付父母，能瞒就瞒，能骗就骗，报喜不报忧，这样做的后果是很难想象的。

我们知道父母打骂孩子，都是为了孩子好，道理虽说如此，但我们受到父母的责骂时，都会觉得不舒服。那么如何才能避免受到父母的责骂呢？

1. 学会面对父母的误解

在家庭生活中孩子因受父母错怪而挨打是常有的事。这种因误解而挨打的事实在难以容忍，但如果你遇到千万要沉住气，要克制自己，千万别说出过激的话来，如"又不是我的错，你们不分青红皂白就打一顿"，"你们不配做我的父母"，"我恨死你们了"，等等，避免因过分强烈的反应而加深彼此之间的误会。那么在遇到这种情况时我们该怎么做呢？

首先我们要耐心听完父母的责怪、训斥，以便弄清他们是在什么事情、什么问题上对你产生了误解。如果确实因父母把问题搞错了，那么就可适当做些解释工作，"其实事情不是您想的那样，我之所以迟到，是因为朋友脚崴了，我送她去医院了"，只要事情本身比较简单，父母情绪又比较平稳，误会马上就会消除。许多事情不是三言两语就可以解释清楚的，一般事发时父母的情绪比较激动，你越解释，他们可能越发火，与其如此，不如静下心来不说话，虽然这样做有默认过错的危险，但保持暂时沉默对缓和紧张气氛，减少对父母的感情刺激是有好处的。沉默不语不容易，争辩解释又会激化矛盾，在遭遇责怪时可借故设法暂时离开父母。你听不到那些刺激性的语言，心情就会慢慢平静，父母找不到数落的对象，怒气也会慢慢消失。

无论采取什么办法，最终目的都是要弄清事情原委，帮助父母消除误会，待大家都心平气和时再进行详细的解释，要避免使用刺激性语言，更不要责怪埋怨父母的一时的不当。一切真相大白时，父母一定会为错怪你而后悔，你可千万不要忘记给父母以体贴的宽慰。切忌对父母生气失去信任，更不能因此而采取过激的行动。要多想想平时父母对自己无微不至的关怀，多想想他们往日的亲情。

2. 不和父母"顶牛"

现实生活中，父母不可能事事处处都依从孩子，加上你的所作所为并不一定都有道理，一旦主观愿望得不到满足，就感到失去了面子，于是就与父母闹起别扭。与父母"顶牛"只能给父母带来痛苦，也会给自己增加烦恼，甚至给家庭带来不和。有的孩子并不是存心与父母过不去，有时连自己都说不清为什么会把事情搞僵。其实原因很简单：一是自尊心太强，只注意自己在别人心目中的形象，平时喜欢听好话，听不进逆耳话，在家里总希望父母顺着自己，不愿自己的意见遭到否定；二是脾气任性，性格自负，自以为是，过于好强；三是感情用事。

无论怎么说，和父母"顶牛"都是不对的，作为小辈在冲撞了父母之后，从尊重父母出发，应立即向父母赔礼道歉，恳求他们的原谅。只要你真心诚意向父母说几句表示歉意的话，他们会很快转忧为喜谅解你的。千万不要觉得认错有失面子，如果觉得用语言讲和有困难，也不妨写封信给他们，这才是理智的正确办法。切忌感情用事，不理父母或找机会发泄不满，甚至图一时痛快，乱使性子，离家出走。要避免与父母"顶牛"应该不断自我反省，学会控制自己情绪，掌握正确分析问题、解决问题的方法。

3. 正确面对父母的拒绝

我们的要求遭到父母的拒绝，常常会感到失望，但往往是事出有因的。一是不考虑家庭情况要求过高。一般说只要家庭条件许可，父母总会想方设法满足子女吃、穿、用等方面的要求。但有些同学为了满足自己，不切实际地提出过高的物质要求，给家庭生活带来困难和负担，肯定会遭到家长的拒绝。二是与家长的想法不合。考虑问题要全面，要合情合理，不要老是站在自己的角度，要设身处地的想一想。三是你的要求提得不合时宜，即提出要求的时间、地点、场合不对。

那么如何处理呢？首先我们要有家庭意识，某些要求只有在父母的帮助、指导下去实现，才能做得合情合理。要注意提的时机，合理的要求因为提的不合时宜也会遭到拒绝，所以要注意父母的情绪，要注意选择恰当的日子，还要看地点场合，一般来说在客人面前不宜向父母提要求。考虑家庭经济承受能力，把要求的理由恰当地说清讲透。为明白顺从父母意图，可进行适当的试探，注意创造融洽和谐的气氛和说话的口气，然后再慢慢提出。

另外，遭到拒绝不一定是坏事，父母对你的要求一概满足是不现实的，如果父母对子女百依百顺，也不利于你的成长。

恰当化解与父母的争执

在孩子的眼里，父母似乎永远是"自由"的反义词，在父母的眼里，孩子似乎总是"天真"的代名词。当你对某一事物的看法与父母不一致，而父母又不肯改变自己的意见时，你应该运用怎样的说话技巧说服父母呢?

与父母意见不一致时,很多人会与父母顶嘴、唇枪舌剑地理论,也有一些人会躲在一边生闷气,再不就是拂袖而去,一走了之……这样做可以在一定程度上发泄你愤怒的情绪,却会伤害你与父母之间的感情,而且也无助于培养你和父母相互尊重的习惯。因此,最好能学会掌握说话的艺术,以建设性的方式处理你与父母的不一致的想法。

下面不妨看看这样一个例子:

小王到北京出差时,遇到张敏,两人一见如故,短短一个月便成为亲密无间的好友。事情办完后小王不得不离开北京,临走前小王把地址、电话都留给了张敏。

没过多久,张敏也出差,目的地正好是小王所在的城市,于是他给小王打了电话。二人在小王家见面了,像故友一样两人无话不谈。等张敏走后,小王的父母发话了:"你怎么交了这么个朋友,这个人看起来很不地道。"小王一听不乐意了:"我交什么朋友,你们都不满意。""我们这是为你好,怎么这么不懂事?""你们看着好就一定好吗?你们觉着不好,就不能来往吗?"父母听了气不打一处来,开始骂了起来。小王一看这样说下去肯定不行,马上缓和了口气:"我知道你们是为我好,张敏和我属于同一个集团,做事干练,人也挺好的,而且从小没了父母,也怪可怜的。再说了我都这么大了,也能分清是非了。"父母听了小王的话也缓和了下来,最后小王终于说服了父母。

子女与父母发生争执是很正常的,因为一个人看问题的角度往往与他(她)过去的经历和现在的状况有关。因此,每个人的看法都会有一定的道理。与你相比,父母的人生阅历丰富,考虑问题会比较周到,但也容易形成固定的看法,产生偏见。你呢?由于思想上没有那么多框框,容易接受新东西,但考虑问题难免片面、肤浅。如果你既能看到对方意见中不合理的成分,还能看到其中有道理的一面,不仅能"化干戈为玉帛",还会得到有益的借鉴。

当你与父母的意见不一致的时候,不妨静下心来想想,父母为什么会有这样的看法?其中是否有一定的道理?最好先肯定父母观点中有道理的一面,再说明自己的看法。即使你完全不同意父母的意见,也不要用挖苦的语调大声地与父母说话,那样父母会感到受到伤害。如果你感到当时不能控制自己的情绪,最好先找个借口离开现场,等大家都心平气和的时候再讨论这个问题。

如果你与父母中的一位关系更亲近,不妨先和他(她)讨论这个问题,说服了一位再请他(她)帮你说服另一位。当然,你也可以请好友到家来一起参与你与父母的讨论。如果父母知道与你同龄的孩子也有与你类似的想法,可能会更容易理解和考虑你的意见。

解决争端的过程是一个相互协商的过程,彼此尊重对方的权利非常重要。和你一样,父母有权坚持自己的意见,有权表达不愉快的情绪。作为孩子,你应该尊重他们的权利,这样,他们才更容易尊重你的权利。

多一些了解,少一些冷漠;多一些关爱,少一些摩擦;多一些鼓励,少一些责备。如果我们能为父母多想想,站在他人的角度看自己,也许和父母的争执就不会那么激烈了。

孩子需要父母的支持，父母更需要孩子的理解。只要多和父母交流，坦诚相待，也许在与父母的争执过程中会闪出爱的火花。

历史的难题：婆媳关系

婆媳关系是一个既古老而又复杂的问题，婆媳关系是家庭中最难处理的关系，婆媳矛盾则是一个令清官也为之发愁的难题。因为婆媳之间，既无血缘的纽带，又无感情的保障，在相近的家务中摩擦也较多，一旦产生矛盾，往往呈现出激化的趋势。

婆媳之间经常发生矛盾的原因很多。一般情况下，最常见的有以下几种。

一是争同一个男人的"宠爱"。现在许多男孩都是独生子，结了婚以后，往往把更多的注意力放在了妻子身上，有些母亲就会觉得心里不平衡。更不用说有些母亲因为离婚或丧偶，将一生的精力几乎都花在了儿子身上，把一切希望都寄托在儿子身上。一旦看见儿子跟妻子甜甜蜜蜜，母亲就会觉得媳妇抢走了儿子，往往会用语言和行动来表达对儿媳妇的不满。而儿媳妇面对婆婆的"挑战"，当然也会怒火中烧，慢慢地两人就会结下难解的怨恨。

二是代沟。婆媳是两代人，年龄相差比较大，受教育程序的差别很大，生活阅历也不同，因此两人的人生观、价值观大相径庭。有的婆婆文化程度比较高，保持年轻的心态，还相对较好；然而，有的婆婆思想保守、落后，一个受过现代高等教育的儿媳妇进了家门以后，婆媳两人对待生活的态度必然不同，矛盾也就产生了。

三是性格、习惯相差太大。婆媳在吃、睡、穿、养育小宝宝方面的意见往往都会不一致。有些婆媳来自不同的地区，她们有各自的习惯，对对方的习惯也看不顺眼；有些婆媳性格也不一样，一个喜静，一个喜闹，也会产生摩擦。所谓"清官难断家务事"，像这样小小的家庭矛盾也可能酿成大问题。

尽管婆媳矛盾是一个古今中外令许多家庭头痛的难题，但只要当事者本着互相信任、尊重、爱护、关心、宽容忍让的态度，加上家庭其他成员齐心协力促使其向良性方面的转化，婆婆与媳妇之间也是能够和睦相处的。

搞好妯娌关系

妯娌关系这个词在现代人看来是很陌生的，20世纪80年代以后独生子女偏多。不像婆媳关系永远是个热门话题，妯娌关系已逐渐淡去。但是淡去，不代表就不存在。妯娌们从不同的家庭走出来，又走进了另一个完全陌生的家庭，要共同生活在一起，彼此间没有什么了解，再加上不同的生活习惯和感情差别，在新的环境里，难免会发生一些冲突。如果出现了矛盾，处理得好，当然可以保证家庭的和谐与幸福，若处理得不好，则会闹得家里鸡犬不宁。

那么，该怎样才能处理好妯娌之间的关系呢？

（1）妯娌之间要互相尊重和理解。如果能够站在自己丈夫的立场上，多替他的兄弟想一想，给予彼此的理解和尊重，好的家庭关系是很容易建立起来的。

（2）平时多加强交流和沟通。发生了什么事情，大家要坐在一起，商量解决的办法，这样才是最好的相处方式。

（3）要真诚相待。如果产生了矛盾，要能敞开胸怀，谅解对方，以求和解。不能为了一点儿小事，就到处搬弄是非，或是去找自己的亲人朋友帮忙。

（4）切忌自作主张、自以为是，也不要过分地猜疑、计较。

处理与小姑子的关系

俗话说："缝衣少不了线连针，家和离不开姑嫂亲。"在一个家庭里，如果媳妇与小姑不和，这个家庭就不可能轻松、安宁。我们在岗位上紧张地工作了一天，回到家里时就希望有一个轻松温暖的环境供我们放松、休息。如果回到家还要卷入姑嫂纷争中，那第二天哪来充沛的体力和精力投入工作呢？

当然，姑嫂关系确实存在着一些"先天不足"的因素。

首先，姑嫂两人分别在不同的家庭里成长，使她们在许多方面都会有差异。

其次，姑嫂在各自的心理上都会有一种戒备的心态。一是做嫂嫂的往往会把小姑视为外人，因为小姑迟早要出嫁；而做小姑的则会把嫂嫂视为外人，因为嫂嫂来自另一个家庭。二是做嫂嫂的总感到婆家不如娘家好，而做小姑的则认为自己反正要出嫁，这个家迟早是兄嫂一统天下。双方都存在着这种复杂的心理，于是姑嫂关系自然地就趋于紧张了。嫂嫂同哥哥深情意厚，小姑会看不惯，认为嫂嫂"挑拨"了哥哥同母亲和她的骨肉亲情，有时甚至人为地制造矛盾。另一方面，小姑同婆婆关系很亲密，做嫂嫂的也会疑神疑鬼，会在脑海里产生小姑和婆婆联合起来对付自己的幻觉。

虽然存在着许多"先天"的因素，但搞好姑嫂关系并非完全不可能，因为姑嫂之间还存在很多共同因素。

一是姑嫂的年龄相仿,属于同时代人。因此,她们会有许多共同的想法,在许多问题上的看法容易接近。

二是姑嫂性别一致。尤其是待字闺中的大姑或小姑,有些姑娘家的秘密不便对父母说,也不便对兄弟说,只能同嫂嫂或弟媳商量。

三是嫂嫂或弟媳在婚姻的道路上领先了一步,是过来人,有许多切身的感受和新鲜的经验,大姑或小姑正好可以从中借鉴。

因此,姑嫂关系不仅应该能搞好,而且也是可以搞得更好。

孩子需要你的赞美

南京某厂技术员周宏用赞美的办法,把双耳几乎全聋的女儿婷婷,教育成了高才生。

周宏第一次看小婷婷做应用题,10道题只做对了1道,按说该发火了,可是他没有。他在对的地方打了一个大大的红钩,并由衷地赞扬她:"你太了不起了,第一次做应用题10道就对了1道,爸爸像你这么大的时候,碰都不敢碰呢!"8岁的小婷婷听了这些话,自豪极了。在父母的鼓励下,10岁那年,婷婷就写作出版了60000字的科幻童话。消息见报后,不少残疾儿童被送到周宏门下,都在周宏的"赏识教育法"下得到了很大进步。他说:"哪怕天下所有人都看不起你的孩子,你都应该眼含热泪地拥抱他,赞美他。"

周宏巧妙地把赞美运用到了孩子的真善美上。赞美开发了孩子内在的潜力,激起了他们学习上的热情,唤起了他们强烈的进取心,使孩子变"要我学"为"我要学",从而在心理上彻底解放了孩子。

然而，在现实生活中，有的家长不是。他们认为孩子是自己生的自己养的，督促学习也是为了孩子好，不必老是哄着、捧着，甚至以为不打不成材，"棍棒底下出孝子"。因此，这些家长老是"居高临下"，总想从精神上肉体上驾驭孩子，结果孩子在家长的高压下，心情焦虑，逐渐出现心理障碍，甚至精神和行为失控，不少家长为此付出了惨痛的教训。他们不知，光靠压是不行的。只有加强引导，让孩子好之乐之，孩子才会"不用扬鞭自奋蹄"。而赞美就是一剂良方。

人都是爱听好话，喜欢受到表扬的。美国著名心理学家威廉·詹姆斯研究发现：人类本性最深刻的渴望就是受到赞美。孩子更是如此。因为孩子好奇心强但自信心不足，他们对自己的每一点小小的进步都非常在乎，渴望得到大人的肯定。

其实，心理学中的"罗森塔尔效应"，揭示的就是"赏识－赞美"的巨大作用。现实生活中，也不乏这样的经典范例。如19世纪德国《卡尔·威特的教育》的真实记录；我国著名教育家陶行知先生"四块糖果"的故事等。

事实证明，如果家长能够恰当地运用赞美，就会帮助孩子达到光辉的顶点。因此，家长学会赞美孩子是很有必要的。要学会赞美孩子，就要做到：

1. 尊重孩子

家长只有把孩子当作朋友，平等相待，切实尊重孩子，提倡"友道尊重"，才会从内心去赞美孩子。

2. 要有一颗平常心

我们有的家长对孩子的期望值过高。当一些不切实际的目标达不到时，便采用极端的手段来对付孩子，"恨铁不成钢"时，家长根本就不可能去赞美孩子。

3. 要了解孩子

平时要多观察孩子有什么爱好，从而"对症下药"，激励孩子，帮助孩子，使他们好之乐之，才会学有所成。

4. 要持久

孩子的培养不可能一蹴而就，这是一个漫长的过程。作为家长，应持之以恒，使孩子在赞美声中健康成长。

5. 坚持原则

准备赞美孩子时，必须坚持原则，只有在他做了值得赞美的事情时，才去赞美。由于溺爱，有些父母无原则地对孩子的种种行为加以赞美，造成孩子是非不清、骄横跋扈的坏习惯。孩子按大人的要求去做了并做得很好，就应该及时赞美，做了不对的事情，即使孩子哭闹，耍赖皮也千万不要迁就他、说好话。否则，赞美就会失去原有的积极意义。

6. 掌握时机

当孩子正在做或已做完某件有意义的事，应当及时给予适当的赞美，如一时忘记了，也要设法补上。如孩子在老师的说服下，吃饭时终于肯吃蔬菜了，父母应立即予以赞美。须知，在孩子应当得到赞美、渴望得到赞美时，成人的"熟视无睹"无异于给孩子当头浇上一盆冷水。

学会这样对孩子说话

　　父母要解除与孩子之间的代沟，让孩子敞开心扉和自己说话，赢得孩子的热爱，就要首先懂得孩子内心的秘密。而孩子内心最大的秘密是情感，或情感的焦虑。因此，父母必须要掌握情感交流的秘方，走进孩子的内心世界，增强彼此之间的信任和感情。

　　作为孩子，如果遭遇了问题或烦恼，首先求助的是父母。如果做父母的不善于与孩子交流，也就从一开始就阻断了与孩子之间的融洽关系。

　　小花是一个紧张而又爱哭的女孩子。她的表妹小羽来跟她住了一个假期。暑假快结束时，就要回家了。小花非常舍不得，眼泪汪汪地对妈妈说："羽羽就要走了，以后又是只有我一个人了。"

　　妈妈很轻快地说："你会另外再找到一个好朋友的。"

　　小花回答说："可是我还是会很寂寞的。"

　　妈妈开始安慰她："过不了多久，你就会忘了。"

　　"啊，妈！"小花说着就哭起来了。

　　妈妈生气了："你都快念中学了，还是这么爱哭。"

　　小花狠狠地瞪了妈一眼，跑进卧室里，哭得更伤心了。

　　为什么会出现这种结果呢？原因就在于，孩子对于友情、亲情的渴望。他们会对自己的感情需求很在意的。然而，处于世故与冷漠世界的成人，往往对孩子的这种情感需求很不在乎。这样，就会忽视孩子的感觉，对孩子细小的情感波动表现冷酷。这样一种对待孩子的情感反应方式显然不利于父母与孩子之间的情感交流。

事实上,孩子们最需要的就是父母对他的重视,哪怕是当时的实际情况一点也不严重,父母也不能掉以轻心。或许在上例中的母亲看来,女儿不应该因为与表妹的分离就流泪哭鼻子,但是她的反应却不应该没有同情。做母亲的应该这么想:女儿很难过,我应该尽最大的努力来帮助她。尽量设法使她知道我明白她内心的感觉。如果这样想,她就可以用以下方式来安慰女儿:"羽羽走了,让人觉得很寂寞。""你们俩这么要好,真舍不得让她走。"

"你会想她的。"这种反应使父母与孩子之间产生亲密的感觉。孩子的内心感受一旦被父母了解了,他的寂寞和情感创伤就会消失。父母对于孩子的了解和同情是情感的绷带,可以治愈孩子受了损伤的心灵。因此,要达成和谐美满的亲子交流,做父母的也必须要对情感交流的技巧加以自觉的领会。

做父母的如何才能架设好与孩子之间的情感交流的"桥梁"呢?比较实际的做法,就是从克服自己与孩子的情感交流的障碍开始。通常而言,当孩子试图与你谈论他内心的烦恼时,如下反应方式,都有可能加速交流障碍的形成:

用命令、指示或指挥的语气,告诉孩子该去做什么事情,给他下命令:"我不管别的父母如何做,你必须给我……"

用警告、责备或威胁的语气,告诉孩子如果他做了某件事情会产生什么样的后果:"如果你知道好歹的话……"

用说教、教化或规劝的语气,告诉孩子他应该如何做:"你应当……"

以提出忠告、方法或建议的方式,告诉孩子该怎样解决问题:

"为什么不用另一种方法来替代呢……"

用评判、批评、否定或指责的语气，对孩子进行负面的评判："你那样做太不应该了……"

以谩骂、嘲笑或羞辱的方式，使孩子感到自己犯傻，把孩子归入另类，羞辱他："你的行为像一个不懂事的孩子……"

通过解释、分析或诊断的方式，告诉孩子他的动机是什么，或者分析他为什么那样说，那样做。让孩子感到你在给他筹划，帮他分析："你那样说是想……"

用保证、同情、安慰或支持的方式，努力使孩子感觉好受一些。劝说他从不良情绪中解脱出来，尽力消除他的不良情绪，否认不良情绪的影响："不要担心，情况会变好的。"

用探索、询问的方式，努力去找理由、动机和原因，获取更多的信息帮助孩子解决问题："关于这件事情，你还和那些孩子说过了？"

以退缩、转移或迁就的方式，努力使孩子从问题中摆脱出来，自己也避开问题，分散孩子对问题的注意力，引导孩子把问题搁置起来："吃饭的时间咱们不谈这个。"

而正确的反映方式则基本不需要表达出自己的意见、评判和感觉，让孩子把自己的意见、判断和感受充分表达出来，给孩子打开一扇门，引导孩子去说话，使孩子在交流过程中发泄自己的情绪，理清自己的思路，进而自己找出解决的方法。

用这种态度来与孩子进行情感方面的沟通，以下一些回应方式是比较简单而又有用的：

"哦！"

"我懂了!"

"有意思。"

"怎么样啦?"

"真的?!"

"我简直不相信,真是这样?"

其他一些反应在诱导孩子去讲、去说方面,更为有效:

"把这件事情讲给我听听。"

"我想听听这件事情。"

"后来呢?"

"听起来你对这件事情有话要说。"

"这件事看起来对你很重要。"

"咱们一起来讨论一下吧。"

与孩子有效沟通的秘诀

现在很多父母都感觉跟孩子讲道理是非常难的一件事。父母说得天花乱坠,孩子却这耳朵进,那耳朵出,一不留神,孩子还逮着个错反诘父母半天。有些父母能与孩子说得眉飞色舞、热火朝天,有些父母却很少与孩子讨论什么。他们与孩子说话,往往说上个三五句,孩子不耐烦,父母也没词了。为什么父母和孩子发生沟通危机呢?又怎样和孩子沟通呢?

"沟通"一词,《中文大辞典》的解释是:"穿沟通达也;疏通意见,使之融洽。"用时下的语言,就是寻求事情的"共同处",找出事物的"平衡点",画出事物的"交集",其过程是"疏通",其结果是"融洽"。作为孩子的第一老师，和谐地与孩子沟通至关重要。

1. 了解是沟通的前提

孩子与家长出现沟通危机，不怪孩子，主要还是家长造成的，为什么孩子懂的家长不懂？为什么孩子关心的事，家长就不关心呢？这是因为我们不了解孩子，不知道孩子想什么，关注什么和需要什么。没有进入孩子的内心世界，又谈何沟通呢？

此外，当我们和孩子沟通时，还要了解孩子当时的情绪状况。孩子和大人一样，情绪好时比较容易接受不同的意见，不高兴时则容易发拗，因而跟孩子讲理，要充分了解孩子的情绪状况，在其情绪较好时，对其进行教育，若在孩子情绪低落时跟他说理，是不会奏效的。

2. 平等是沟通的关键

为人父母者往往仗着"闻道"早于孩童辈，就不知、不愿、不肯、不屑去认同孩子，就以成人的眼光、成人的标准去"箍"、去"套"、去约束孩子的小脑袋、小世界。他们总是难以忘记自己"教育者"的角色，以至于和孩子沟通时总是难以保持平等，"你要""你应该""你不能"等词语常常挂在嘴边，孩子自然渐渐失去了与家长沟通的愿望。

因此在和孩子沟通时，要讲究技巧，和孩子平等沟通。我们是与孩子谈话而不是训话，如果总是板着面孔，居高临下，就很难和孩子交知心朋友，孩子不是不愿谈，就是说假话。这就要求家长和孩子谈话时，要以孩子的心态和孩子能理解的语言进行，要蹲下身来和孩子沟通，让孩子觉得你是他的朋友和伙伴，这样沟通才会水到渠成。

3. 倾听是沟通的良方

现在许多孩子都有了一定的主见，已经不愿意再当被训导的角色，他们思想活跃，希望有个细诉衷肠的对象。这时的家长应该改变原来的教育方法，努力创造一种"聆听的气氛"。最好的办法是家长经常抽空陪伴孩子，并且当一个好听众。

只有倾听孩子的心里话，才能更好地与孩子沟通。孩子向你诉说高兴的事，你应该表示共鸣，如孩子告诉你他在学校得到了老师的表扬，你可以称赞说："噢，真棒，下次你会做得更好！"孩子向你诉说不高兴的事，你应该让他尽情地宣泄，并表示同情，如当孩子告诉你小朋友推了他一把，他非常气愤时，你可以说："你很生气甚至想打他，是吗？但你不能这样做，你可以告诉老师，请求老师的帮助。"当孩子向你诉说你不感兴趣的话题，你应该耐着性子听，表示你关注他的谈话内容，你可以使用"嗯""噢""是吗""后来呢"等词语，表示你在认真地倾听，鼓励孩子继续说下去。这样，不仅使孩子更乐意向你倾诉，也可以提高他的语言表达能力。听和说总是联系在一起的，要掌握与孩子交谈的艺术，就要耐心地当好孩子的听众，在孩子漫无边际的讲述中，父母可以了解他的真实想法，在他针对某件事的辩解中，可以发现事情的真正原因，便于说服教育。所以，和孩子交谈时，父母不要只注重自己怎样说，更要注重怎样听孩子说。

4. 信任是沟通的基石

和所有的友谊一样，两代人的沟通也要讲一个"信"字。说话算数说起来简单，真正做到并不容易。儿童心理医生林达曾经举过这样的例子：一位妈妈因为6岁的女儿不愿与她沟通，便领着女儿去进行心理咨询，结果发现原因是妈妈将女儿告诉她的"秘密"，在晚饭时不经意地告诉了家庭其他成员，结果哥哥姐姐们以此来取笑她，从此她再也不肯对妈妈说什么了。可见，孩子和家长之间的相互信任是非常重要的。

你若不能相信孩子，孩子又凭什么信任你，相信你是真心帮助他的？你若得不到孩子的信任，又怎能跟孩子沟通？

5. 惩罚是沟通的双刃剑

惩罚是一种特殊的沟通，它是一把双刃剑，既可以教育孩子，也可以伤害孩子，如何使用惩罚是教育成败的关键。惩罚一定要说明理由。父母要善于控制自己情绪，不可暴怒，更不可凶狠。在进行惩罚时，要把注意力放到让孩子知道自己言行错在什么地方，为什么是错的上面。大多数孩子都以为自己的行为是对的才去做，或者从自己的兴趣、儿童的角度出发去干的，因此，讲道理仍然是惩罚的重点。父母应牢记，惩罚并非不要讲道理，而是将道理渗透在惩罚之中。

此外，惩罚时不能揭短，只要指出这次犯错误的问题即可。一般来说，父母非常容易在惩罚的同时揭短。我们知道，羞耻感是一个人自尊心的心理基础，一些父母在惩罚时不断地揭孩子的短，翻老账，这样会彻底损坏孩子的自尊心。

父母在与孩子沟通中应该赏罚分明。

6. 赏识是沟通的最好添加剂

古语云："数子十过，不如奖子一长。"跟孩子讲道理，应充分肯定孩子的长处，对孩子的进步给予及时的表扬和鼓励，在此基础上再对孩子的过错予以纠正，这样孩子就容易接受大人的意见。如果一味地数落孩子，责怪孩子这也不是那也不对，只会让孩子产生自卑心理和逆反心理。

恰到好处的赞美是父母与孩子沟通的兴奋剂、润滑剂。家长对孩子每时每刻的了解、欣赏、赞美、鼓励会增强孩子的自尊、自信。我们要切记：赞美鼓励使孩子进步，批评指责使孩子落后。

沟通是一门学问，一位教育家说得好："父母教育孩子的最基本形式，就是与孩子沟通。我深信世界上最好的教育，是在和孩子的沟通中实现的。"让我们每位家长在沟通这门学问面前做一回小学生，真正成为孩子亲密无间的知心朋友！

规劝的话要"裹着糖衣"

一种苦味的药丸，外面裹着糖衣，使人先感到甜味，容易一口吞下肚子去。于是，药物进入胃肠，药性发生效用，疾病也就好了。父母要对孩子说规劝的话，在未说之前，先来给他一翻赞誉，使孩子先尝一些甜头，然后你再说上规劝的话，孩子也就容易接受了。

如果你要人家遵照你的意思去做事，总应用商量的口气。譬如有一位主管要求属下做事时，总是用商量的口气说："你看这样做好不好呢？"

正处于青春期的孩子，逆反心理比较强，如果父母在批评孩子时只顾苦口婆心地规劝，往往起不到实质的作用。

当然，为了纠正孩子的错误，指导孩子去做应该做的事情，有时批评孩子是必要的，只是要特别小心，在言语和态度上都要谨慎，千万不可用讽刺或嘲笑的言语，免得引起孩子的反感和难堪，使之产生自卫和反抗的心理。

如果孩子做错了事情，父母可先间接指出其错误的地方，告诉其这样做会带来哪些后果，然后提出改正的方法，使孩子明白应该走的路和应该做的事。如果孩子付出了努力，尝试去改过，就算不能立即生效，做父母的也不必气馁，可以从旁鼓励，告诉孩子他的努力不会白费。

与孩子忌说的8种话

父母与孩子的关系虽然亲密，但对孩子说话也不能随随便便。因为，孩子与父母在年龄、阅历、心理等方面存在着很大的差异，如不注意这一点，对孩子说一些不该说的话，势必不利于孩子的健康成长。父母是孩子的第一任老师，父母的言行无时无刻不在潜移默化地影响着孩子。因此，父母在与孩子交谈时应注意自己的措辞。

父母对孩子说话时要有所忌讳，概括起来，主要有以下几点：

1. 说损话

有些性格急躁的父母，恨铁不成钢，动辄损孩子。什么"你这个笨蛋"，"一点出息也没有"，"活着干什么，还不如死了"，等等，孩子耳濡目染，身心定然会受到创伤。

"你怎么不像你姐姐？她门门功课都拿满分！"这样的话语，无疑会把孩子的自尊心破坏殆尽。许多家长没有意识到自己给孩子造成了不安的情绪。"是啊，为什么我不能像她一样？父母不喜欢我了。"他的反应往往是：第一，觉得遭到了贬黜，一无是处甚至没有希望；第二，摆脱人见人爱的姐姐；第三，为没人喜欢自己而愤愤不平。

这时，更为恰当的表达是："我知道你担心你的成绩不如姐姐好。我要你记住，你俩各有所长。我们也很看重聪明的孩子，你们各有惹人疼爱的优点。"

2. 说吓唬孩子的话

"如果你不立刻跟我走，我就把你一个人抛在这里！"你真会这么做吗？孩子当然希望你不会这么做，因为小孩子最怕单独待在一个陌生的地方。但可能他听多了类似的威胁，已对此充耳不闻了。较有效的方法是：当他太出格时，你把他抱起来。这样，他就会明白你不允许他在公共场所胡闹。

3. 说命令话

有些父母在孩子面前耍威风，没有一点民主空气。有的家长一味限制孩子，什么也不准。说话就是下禁令。例如："放学后不许与同学玩，不许到同学家里去，不许把同学带到家里。""你每天除了学习，别的什么也不许干。"由于孩子生活在命令中，孩子就会变得迟钝，没有创造力。

4. 说气话

有些缺乏修养的父母，稍不顺心就拿孩子撒气。在家没好脸，说话没好气。孩子不敢接近，又躲避不了。如"去去去，滚一边去"，"不要说话，给我装哑巴"。孩子有时间点事情，也没好气地说："不知道，别问我。""老问啥，没完没了的……"这些使孩子横遭冷落的气话，是父母应该忌讳的。

5. 说宠爱话

有些不清醒的父母，溺爱子女。常常听到什么"你是妈妈的心肝儿""命根子"、"眼珠子"。有时孩子耍泼，无论要什么，父母都说"好，妈这就给你换。"甚至骂自己也笑，打自己还说"好"。这些容易造成孩子形形色色的坏毛病，应该改正。

6. 说侮辱话

有的不理解孩子心理的父母，当发现孩子有什么"不端"行为，则认为大逆不道，不是冷静地弄清情况，而是凭主观臆断，说什么"你这个不要脸的小畜生"、"小流氓"……

有的稍文雅的父母也有旁敲侧击、指桑骂槐的现象，弄得孩子反驳也不是，解释也不是，只好委屈地忍受着。

有伤孩子心理的话，也是父母与孩子交往时应该忌讳的。

7. 说埋怨话

当孩子犯错误之后，他会感到很无助。"我怎么会这样？我真傻。"他后悔当初没听从父母的话。就在这时，妈妈说："我早就跟你说过会这样。"转眼间，孩子的无助就变成了自卫。出于反抗母亲轻蔑的语气，出于摆脱自视蠢笨的自卑，他开始辩解。要么在绝望中屈服，要么在愤怒中反叛，两样都不利于孩子成长。

较好的表达方法是："你试过自己的方法了，可没成功，对吗？真为你难过。我也是这么过来的。"

8. 说欺骗话

有些言行不一的父母，言不信，行不果。欺骗孩子的话一般有：

"听妈妈话，明天给你做好吃的、买漂亮衣服。"

"好好念书，考好给你钱。"

这些话不落实，久而久之，孩子就再也不信了。这种话比没说的后果还坏。

图书在版编目（CIP）数据

跟任何人都能聊得来 / 融智编著. — 北京：中国华侨出版社, 2018.3
ISBN 978-7-5113-7524-7

Ⅰ.①跟… Ⅱ.①融… Ⅲ.①人际关系学—通俗读物 Ⅳ.①C912.11-49

中国版本图书馆CIP数据核字(2018)第031314号

跟任何人都能聊得来

| 编　　著：融　智 |
| 责任编辑：安　可 |
| 封面设计：施凌云 |
| 文字编辑：申艳芝 |
| 美术编辑：牛　坤 |
| 经　　销：新华书店 |
| 开　　本：880mm×1230mm　1/32　印张：8.5　字数：183千字 |
| 印　　刷：三河市金元印装有限公司 |
| 版　　次：2018年5月第1版　2018年8月第2次印刷 |
| 书　　号：ISBN 978-7-5113-7524-7 |
| 定　　价：32.00元 |

中国华侨出版社　北京市朝阳区静安里26号通成达大厦3层　邮编：100028
法律顾问：陈鹰律师事务所
发 行 部：（010）88893001　　　传　真：（010）62707370
网　　址：www.oveaschin.com　　E-mail：oveaschin@sina.com

如果发现印装质量问题，影响阅读，请与印刷厂联系调换。

Hi

跟任何人都能聊得来

本书从说话尺度、摆脱尴尬、宴会应酬、职场博弈、电话沟通、情感交流等方面全面、系统地揭示了各种场合下的说话艺术与技巧，同时向读者展示了同陌生人、同事、老板、客户、朋友、爱人、孩子、父母沟通的艺术。

跟任何人都能聊得来

策 划 人 | 侯海博　　文字编辑 | 申艳芝
责任编辑 | 安　可　　美术编辑 | 牛　坤
封面设计 | 施凌云